THOMAS ERLE

Wer mordet schon in Freiburg?

WO DAS BÖSE WOHNT Lebensgenuss, Kultur und badische Gemütlichkeit – das ist Freiburg. Doch das Böse lauert an Orten, wo Sie und ich es am wenigsten vermutet hätten. Thomas Erle führt Sie in elf außergewöhnlichen, nachdenklichen, humorvollen und immer spannenden Geschichten in die Untergründe der Stadt. Gleichzeitig erfahren Sie eine Fülle außergewöhnlicher Sightseeing- und Freizeittipps zu Freiburg und seinen Stadtteilen. Erleben Sie, wie der Japanische Garten am Seepark ein furchtbares Geheimnis bewahrt ..., wie eine literarische Lesung am Tuniberg die Geister der Vergangenheit heraufbeschwört ..., wie beim Stadtmarathon die besten Freunde zu tödlichen Rivalen werden ... und wie etwas wahrlich Grauenvolles geschieht: ein Attentat auf Deutschlands beliebtesten Prominenten ...

Thomas Erle verbrachte Kindheit und Jugend in Nordbaden. Nach dem Studium in Heidelberg zog es ihn auf der Suche nach Abenteuern rund um die Welt. Es folgten 30 Jahre Tätigkeit als Lehrer, in den letzten Jahren als Inklusionspädagoge. Parallel dazu künstlerisches Schaffen als Musiker und Schriftsteller. Seit 20 Jahren lebt und arbeitet er in der Region Freiburg. Er verfasste zahlreiche Kurzgeschichten, von denen die erste 2000 veröffentlicht wurde. Sein erster Kurzkrimi erschien 2008. 2010 erhielt Thomas Erle den Freiburger Krimipreis, ein Jahr später folgte die Nominierung zum Agatha-Christie-Krimipreis. »Teufelskanzel«, der erste Roman einer Krimireihe um den sympathischen Weinhändler Lothar Kaltenbach, erschien 2013 und wurde auf Anhieb ein Erfolg.

Bisherige Veröffentlichungen im Gmeiner-Verlag:
Höllsteig (2015)
Freiburg und die Regio für Kenner (2015)
Blutkapelle (2014)
Teufelskanzel (2013)

»Z' Friburg in der Stadt
sufer ischs und glatt«

Johann Peter Hebel (1760–1826),
alemannischer Dichter und Schriftsteller
Quelle: »Der Schwarzwälder im Breisgau«

sehr frei übersetzt:
»In Freiburg ist alles bestens.«

INHALT

1. DER SCHATZ

Mit einem letzten schmatzenden Geräusch verschwand die Leiche im graugrünen Wasser des Waldsees. Für einen Moment sah der Mann im Ruderboot den aufsteigenden Blasen zu, die in der Mitte der nach außen strebenden Ringe emporblubberten.

Ein wenig Wehmut schwang in seinen Gedanken mit. Sie waren ein gutes Team gewesen. Er, Professor Dr. Valentin Reisinger, und der aufstrebende wissenschaftliche Assistent Patrick Burger, dem eine große Karriere in Mediävistik und sakraler Baukunde vorhergesagt worden war. Er selbst hatte Burgers außergewöhnliche Begabung erkannt und ihn an sein Institut geholt. Vielleicht hätte dieser sogar eines Tages sein Nachfolger werden können.

Doch Burgers sensationelle Entdeckung vor einigen Wochen hatte alles verändert. Und es war nun einmal das Gesetz der Geschichte, dass es am Ende nur einen Sieger geben konnte. Und das würde er selbst sein. Professor Reisinger hatte vieles aus der Historie gelernt. Nicht nur die Hinterlassenschaften der Menschen hatten ihn fasziniert, die Brücken und Kathedralen, die großen Werke der Literatur und der Kunst. Was gleichermaßen in der Erinnerung überdauerte, waren die Namen der Persönlichkeiten, die dahinterstanden, die Herrscher und Entdecker, die Sieger und die Helden. Es gab keinen Platz für zwei. Und er, Professor Dr. Reisinger, würde der Held sein. Er alleine würde in die Geschichtsbücher eingehen – mit seinem Namen. Und mit der größten Entdeckung der neueren Freiburger Geschichte.

Als er mit seinem Mercedes am Rande des Sternwalds durch die einbrechende Dunkelheit zurückfuhr, hatte Reisinger den unglücklichen jungen Mann fast schon wieder vergessen. Alles war gut geplant, niemand würde Spuren finden. Niemand würde ihn verdächtigen. Es war Zeit, die große Sache anzugehen.

Zuhause in seiner Altbauwohnung am Lorettoberg zog es Professor Reisinger als Erstes wieder an seinen Arbeitsplatz. Der mächtige Eichenholzschreibtisch nahm einen Großteil des Raumes ein. Er war über und über bedeckt mit Unterlagen: aufgeschlagene Bücher, Skizzen und Zeichnungen, Fotos, Korrespondenzen, Internetausdrucke. Ehe er sich setzte, holte Reisinger eine Flasche seines Lieblingsburgunders und schenkte sich ein. Er hob das Glas, prüfte die angenehm samtene Farbe und prostete seinem Ebenbild in dem riesigen Wandspiegel zu. Dies war die Stunde des Triumphes, und er wollte sie ganz für sich alleine genießen, ehe die Sensation in den kommenden Tagen an die Öffentlichkeit gelangen würde.

Sie hatten sich gelohnt, die vielen Stunden im Münster, in der Universitätsbibliothek, im Museum für

Stadtgeschichte und wo er noch überall gesucht und geforscht hatte. Mehr als einmal war er der Verzweiflung nahe gewesen, wenn entscheidende Informationen einander widersprochen hatten. Doch er hatte nicht aufgegeben. Auch das hatte er von den Großen der Geschichte gelernt.

Reisinger griff nach dem obersten der Blätter, die auf der Schreibunterlage ausgebreitet waren, und nahm es mit zu seinem großen Ledersessel am Fenster. Nachdem er sich gesetzt hatte, glitt sein Blick über das Foto. Es zeigte eine Folge von Buchstaben, die teilweise bereits verwittert, doch im Ganzen noch gut zu erkennen waren.

Hic requiescit in pace Odilius archiepiscopus Freiburgensis, custos clavibus secretum et divitiae.

Reisinger las jedes einzelne Wort laut. Er musste ganz sicher sein – und er war es!

Jahrhundertelang waren die Interpreten der Grabplatteninschrift aus der Krypta unter dem Münster falsch gelegen. Mit größter Selbstverständlichkeit war der gute Bischof stets als Schlüsselbewahrer der göttlichen Geheimnisse verehrt und seiner gedacht worden. Was hätte es auch anderes bedeuten sollen. Niemand wäre auf eine andere Idee gekommen.

Dabei hatte Reisinger, ohne es zu wissen, selbst kurz vor der Entschlüsselung gestanden. Als Junge hatte er mit Begeisterung die Geschichten aus der griechischen Mythologie verschlungen. Er hatte zusammen mit Herakles Wundertaten vollbracht, hatte mit Jason das Goldene Vlies gesucht und war mit Odysseus in das Trojanische Pferd geklettert. Als er älter wurde, hatte er mit Überraschung und Freude erfahren, dass es die von Homer überlieferten antiken Stätten tatsächlich gegeben hatte. Jedoch hatten nicht die Klugen und Gelehrten der Erde ihr Geheimnis entlockt. Heinrich Schliemann war es gewesen, ein Amateur, ein Unternehmer und Kaufmann, der die alten Schriften als das gelesen hatte, was sie tatsächlich waren: genaue Beschreibungen realer Gegebenheiten, die auf glückliche Weise die Jahrhunderte überdauert hatten. Als er das antike Troja ausgrub, war er der Held seiner Zeit.

Reisinger erinnerte sich gut an den Tag, als Patrick mit der Entdeckung zu ihm gekommen war. Von diesem Moment an war ihm klargeworden, dass es ihn tatsächlich geben musste, den lange vermuteten Zugang zu den Gewölben unter dem Münster. Die Inschrift war der deutliche Hinweis darauf, dass die Grabplatte mehr barg als die Erinnerung an den Bischof. Der fromme Mann hütete nicht nur göttliche Geheimnisse. Hier musste er sein, der Zugang zu dem lange gesuchten Münsterschatz. Und er, Professor Reisinger, hatte ihn gefunden!

Seit Jahren wurde im Augustinermuseum eine Anzahl Preziosen ausgestellt, die von den Verantwortlichen stolz als »Münsterschatz« bezeichnet wurden – jahrhundertealte Reliquienschreine, Monstranzen, kostbare gewebte Teppiche. Reisinger war oft davorgestanden und hatte sie bewundert, die wunderbaren

Arbeiten der besten Kunsthandwerker des Südwestens. Allein der materielle Wert der Ausstellungsstücke war in Geld nicht zu ermessen.

Doch was ihn jetzt erwartete, würde unvorstellbar sein.

Reisingers Hand begann vor Aufregung zu zittern. Für den wahren Münsterschatz würde das jetzige Museum nicht ausreichen. Es würde eine angemessene Stätte der Präsentation geschaffen werden. Ein Anbau mindestens, wenn nicht gar ein neues, eigenständiges Museum. Selbstverständlich würde er großmütig auf jeglichen materiellen Vorteil verzichten. Das stand weder im Vordergrund, noch hatte er es nötig. Doch es konnte gar nicht anders sein, als dass der größte Saal mit den wertvollsten Schätzen seinen Namen tragen würde. Valentin-Reisinger-Saal. Zur Erinnerung an ihn. An den Entdecker des Freiburger Münsterschatzes!

Der Professor nahm einen Schluck und lehnte sich im Sessel zurück. Diese Stunde gehörte ihm ganz allein. Es war der Vorabend eines der größten Tage, den die Stadt je erleben würde.

Gegen halb neun erwachte Reisinger mit Kopfweh. Er duschte, zog sich an und braute sich einen starken Kaffee. Auf seine übliche Morgenzeitung konnte er sich heute kaum konzentrieren. Er blätterte sie einmal durch und warf sie dann zur Seite. Am liebsten wäre er sofort aufgebrochen. Doch er würde sich gedulden müssen. Erst am Abend würde die Gelegenheit kommen, seine epochale Tat zu vollbringen.

Reisinger ging zurück in sein Arbeitszimmer. In der angrenzenden Bibliothek hatte er bereits alles vorbereitet. Taschenlampe, Batterien. Kerzen und Streichhölzer für alle Fälle. Eine warme Jacke. Kamera.

Und natürlich einen Rucksack. Mit einem Rucksack konnte er überall als normaler Tourist durchgehen. Niemandem würde auffallen, was er mit sich trug. Er würde warten, bis am Abend die letzten Besucher das Münster verlassen hatten und sich dann einschließen lassen. Schon vor Tagen war er zu dem Entschluss gekommen, dass es für die Umsetzung seines Vorhabens nur diese Möglichkeit gab, die gleichermaßen erfolgreich und unverdächtig war.

Wieder der Blick zur Uhr. Nach elf. Er ging zurück zur Küche und machte sich einen Tee. Er streckte sich auf seinem großen Ledersofa aus und ließ den Blick aus dem Fenster über die Vorberge im Freiburger Osten schweifen. Für den Moment gab es nichts weiter zu tun. Er musste warten.

Am frühen Nachmittag hielt es Professor Dr. Reisinger nicht länger aus. Ein letztes Mal prüfte er seine Vorbereitungen, dann verstaute er alles sorgfältig in seinem Rucksack. Zum Schluss ging er zu seinem Schreibtisch und zog aus einer der Schubladen eine kleine Holzkiste heraus. Darin lagen drei Schlüssel, von denen zwei merkwürdig geformt waren. Reisinger nickte befriedigt und steckte sie ein. Er war nicht das erste Mal im Münster. Ganz im Gegenteil. Zweimal hatte er bereits die Gänge unter dem Hahnenturm und die untere Krypta untersuchen dürfen, sogar mit offizieller Genehmigung. Die ehrwürdigen Herren von der Kirchenverwaltung hatten es sogar als eine Ehre betrachtet, dass sich der bekannte Forscher und Wissenschaftler anbot, bei der Erkundung der letzten Münstergeheimnisse behilflich zu sein.

Doch Reisinger hatte seinen Plan von Beginn an mit großer Sorgfalt verfolgt. Er hatte den Oberen ein paar belanglose Erkenntnisse vorgelegt und sie damit zufriedengestellt. Seine zurückhaltenden Honorarforderungen hatten das ihre dazu beigetragen. Doch schon nach dem zweiten Besuch hatte er Abdrücke der drei Zugangsschlüssel für sich gemacht. Denn für sein jetziges Vorhaben konnte er keine Zeugen brauchen.

Gegen 16 Uhr schloss Professor Reisinger sein Fahrrad an einen der Metallbügel am Rande der Herrenstraße an. Von hier aus gelangte er durch das enge Präsenzgässle nach wenigen Schritten zum Münsterplatz. Die Sonne stand bereits tief über den Dächern der Altstadt und warf lange Schatten auf das Kopfsteinpflaster. Ein paar wenige Marktstände hatten noch geöffnet. Bratwurstgeruch zog ihm in die Nase. Ein zufriedenes Lächeln umspielte seine Lippen. Seit seiner Kindheit kannte und liebte er die für Freiburg typische Lange Rote, eine Rostbratwurst im Weckle, nach Wunsch mit Zwiebeln, stets jedoch mit viel Senf.

Doch heute verkniff er es sich. Es zog ihn mit aller Macht hinein in den riesigen Bau. Das unscheinbare Hinweisplakat auf dem Ständer vor der Eingangstür hätte er beinahe übersehen: »Heute: Orgelkonzert«.

Reisinger verzog den Mund. Das hatte er nicht bedacht. Das bedeutete nicht weniger, als dass er den Beginn seiner Unternehmung noch weiter nach hinten verschieben musste. Für einen Moment erwog er, das Ganze um einen Tag zu verschieben. Dann schüttelte er entschlossen den Kopf und trat ein. Die bevorstehende Sternstunde duldete keinen weiteren Aufschub.

Als Reisinger den schweren dunklen Vorhang hinter der Eingangstür zur Seite schob, erwartete ihn das übliche Bild während der Touristensaison. In Freiburgs Hauptattraktion drängten sich die Besucher aus aller Welt. Familien mit Kindern, Schulklassen, Studenten, ganze Busladungen mit ihren Reiseleitern schritten mehr oder minder ehrfürchtig die zugegebenermaßen beeindruckende Reihe architektonischer und künstlerischer Schätze ab. Handykameras und Tablets waren im Dauereinsatz.

Reisinger nutzte die Gelegenheit, sein Ziel bereits jetzt schon näher in Augenschein zu nehmen. Die eher unscheinbare Holztür neben dem linken Seitenaltar interessierte niemanden. Die Blicke der meisten waren an dieser Stelle nach oben gerichtet, wo die Farben der prächtig bemalten bunten Glasfenster im Schein der Spätnachmittagssonne aufleuchteten.

Eine der Touristengruppen hatte sich am Rande des Altars versammelt.

»... hinter dieser Säule zum Beispiel.«, hörte Reisinger den Leiter sagen. Er war stilecht im Gewand eines Mönchs gekleidet und schwenkte während seines Vortrags eine Öllampe. »Man nennt sie im Volksmund auch die Posaune der Geister.« Aus der Gruppe erklang verlegenes Gekicher. »Wenn es ganz still ist, kann man es manchmal hören, Stimmen, die aus der Tiefe kommen. Man sagt, es sei das Wispern und Klagen ruheloser Seelen. Oder ist es doch nur der Wind?« Die meisten reckten die Hälse und versuchten, etwas von dem Gesagten zu erhaschen.

Der Professor trat ein paar Schritte näher heran. Trotz des dumpfen Gemurmels, welches überall im Münster erklang, waren am Fuß der Säule tatsächlich Stimmen und undeutliche Worte zu hören. Reisinger schmunzelte. Unwissendes Volk!

Schon in den antiken Tempeln hatten es die Baumeister verstanden, durch geschickte Anordnung der Mauern, Wände und Durchlässe physikalische Phänomene zu erzeugen. Sie beeindruckten mit diesen Zeugnissen ihrer Kunstfertigkeit nicht nur ihre Auftraggeber, sondern ermöglichten diesen gleichzeitig, mit entsprechender Deutung die Leichtgläubigen der damaligen Zeit in Angst und Schrecken zu versetzen.

Reisinger nickte befriedigt. »Scientia potentia est – Wissen ist Macht.« Mehr zu wissen als andere, brachte Vorteile. Das galt heute noch genauso wie früher. Und was er vorhatte, war der beste Beweis.

Mit einem Mal ertönte eine Stimme, deren Ursprung und Bedeutung nichts Geheimnisvolles hatte. Über einen Lautsprecher wies eine dezente Ansage auf das bevorstehende Orgelkonzert hin. Alle Besucher wurden höflich gebeten, sich einen Sitzplatz zu suchen oder das Gebäude zu verlassen.

Reisinger ließ sich auf einer der Bänke im Seitenflügel nieder, von wo aus er zum richtigen Zeitpunkt unauffällig verschwinden konnte. Wenn er schon einmal hier war, konnte er ebenso gut das Konzert genießen.

Als die ersten Töne erklangen, schloss Reisinger die Augen. Johann Sebastian Bach! Wie konnte es anders sein. Reisinger liebte Bach über alles. Eines der wenigen Luxusgüter, die er sich für zu Hause leistete, war eine erstklassige Musikanlage. Doch hier im Münster war es noch einmal anders. Erst hier verwoben sich die Kantaten und Fugen, die verschlungenen Melodien und Figuren zu einem mächtigen Lobgesang. Der Innenraum der Kirche wurde zu einem einzigen Klangkörper, in den die Musik sich ergoss, widerhallte und emporgehoben wurde. Reisingers Augen wurden feucht. Es war der gebührende Auftakt zu der Nacht, in der er Weltgeschichte schreiben würde.

Stumm und ergriffen lauschten die Zuhörer, ebenso stumm und ergriffen erhoben sich die Besucher am Ende von ihren Bänken und strebten dem Ausgang zu. Im Schutz der Menge gelangte Reisinger zu dem kleinen Seitenaltar, den er sich als Versteck ausgesucht hatte. Er gab vor, das kleine Marienbild aus der Nähe zu betrachten, dann huschte er hinter einen Vorsprung und duckte sich an die Wand.

Nach etwa zehn Minuten verklang das Knarzen und Schlagen der großen Eingangstür. Reisinger wusste, dass er noch ein wenig ausharren musste. Tatsächlich dauerte es nicht lange, bis sich die Tür zur Sakristei öffnete. Ein junger Mann in einem einfachen Priestergewand trat hervor. In der Hand hielt er einen altmodischen Kerzenlöscher, ein langer Stab mit einem kleinen Metallhütchen am Ende. Kleine Rauchfähnchen kringelten sich nach oben, als der Mann der Reihe nach alle Leuchter abschritt und die Hülse über die Flammen stülpte. Einige wenige Teelichter vor dem Opferaltar ließ er brennen. Am Ende verbeugte er sich vor dem Allerheiligsten und verschwand zurück nach hinten. Sekunden später erloschen im Kirchenschiff die großen und kleinen elektrischen Scheinwerfer.

Reisinger blieb noch ein paar Minuten in seinem Versteck. Erst als er sicher war, dass niemand mehr kommen würde, nahm er seinen Rucksack auf und schlüpfte hervor. Alles war jetzt dunkel und still. Das wenige Licht kam von den grün schimmernden Fluchtwegleuchten über den drei Ausgängen und von den zitternden Flämmchen der wenigen verbliebenen Opferkerzen.

Die Stille war spürbar. Reisinger hatte das Gefühl, sich durch eine durchsichtige Masse zu bewegen, die er förmlich zur Seite schieben musste. Er setzte seine Schritte mit Vorsicht, als ob er auf der Oberfläche eines zugefrorenen Teiches liefe, von der er nicht sicher war, ob sie ihn tragen würde.

Das altertümliche Schloss der niedrigen Seitentür knirschte, als er den Schlüssel hineinsteckte und umdrehte. Reisinger zog seine Taschenlampe hervor, bückte sich und trat ein. Auf der Schwelle änderte sich sein Empfinden sofort. Reisinger stand in einer kleinen Kammer, die nicht mehr war als ein Treppenabsatz. Um ihn herum rückten die kahlen Wände ganz nah heran. Zu seiner Rechten wendete sich eine enge Steintreppe nach oben. Reisinger wusste, dass sie zur Empore des nördlichen Hahnenturms führte. Dies war kein Geheimnis. Allerdings hatte die Münsterverwaltung diesen Bereich bereits seit vielen Jahren gesperrt. Für die Renovierungsarbeiten unterm Dach benutzten die Spezialisten der Münsterbauhütte meist eines der Gerüste, mit denen das Münster seit Jahren umgeben war.

Doch Reisingers Ziel lag ohnehin in der entgegengesetzten Richtung. Seit Generationen erzählte die Volkssage von einem geheimen Gang von der ehemaligen Burg auf dem Schlossberg hinunter zum Südturm des Münsters. Ein unterirdischer Zugang, den die Fürsten benutzt hatten, um unerkannt die Messe zu besuchen. Oder um bei einer möglichen Gefahr dieselbe unbemerkt verlassen zu können. Immer wieder war vergebens nach diesem Gang gesucht worden. Nicht einmal Spuren davon waren gefunden worden.

Es war Reisingers Verdienst, dass er die Möglichkeit eines Zugangs zum nördlichen Turm ernsthaft geprüft hatte. Er hatte sich nicht von irgendwelchen Gerüchten und eingemeißelten Zeichen ablenken lassen. Nach seinem letzten Besuch war er sicher, dass das Geheimnis des Münsters hier liegen musste, unter dem nördlichen der beiden Hahnentürme.

Reisinger zog die Holztür hinter sich zu. Dann stieg er im Licht des Taschenlampenkegels einige Stufen abwärts, bis er zu einem zweiten Absatz kam. Hier war der weitere Weg durch ein Gitter versperrt, das mit einem Vorhängeschloss gesichert war. Reisinger brummte zufrieden, als er seinen zweiten Schlüssel ebenso erfolgreich zum Einsatz brachte. Das Gitter quietschte laut, als er es zur Seite drückte. Doch er war sich sicher, dass von hier aus kein Geräusch nach oben dringen würde.

Schritt für Schritt tastete er sich weiter nach unten. Die Stufen wurden feucht, stickige Luft umfing ihn. Er musste aufpassen, dass er nicht rutschte. Nach seiner Schätzung musste er sich inzwischen einige Meter unter dem Niveau des Münsterplatzes befinden. Die Vorstellung, dass sich über ihm die gewaltige steinerne Masse des Münsters auftürmte, ließ ihn schaudern.

Doch Reisinger wischte die Gedanken zur Seite. Seine Aufmerksamkeit galt einer weiteren Tür, die im

Dunkel zwischen den grob behauenen Steinen auftauchte.

Auch der dritte Schlüssel passte problemlos. Reisinger drückte die Tür auf und trat ein. Sein Herz schlug vor Aufregung.

Die Krypta!

Endlich war es so weit. Er war am Ziel.

Der Strahl der Taschenlampe glitt langsam durch das Dunkel. Der Raum maß kaum mehr als fünf Meter im Durchmesser und war kreisrund. Die Wände waren aus nacktem Stein, von der niedrigen Decke hingen dünne Kalkfäden. Es roch nach abgestandener Luft. In der Mitte des Raumes stand ein einfacher Altar mit einem steinernen Kreuz. Seinen Berechnungen zufolge musste diese Gruft schon zur Entstehungszeit der Kirche angelegt worden sein. Vor mindestens 900 Jahren war dies die erste Grablege der damaligen geistlichen Führer.

Reisinger stellte seinen Rucksack ab und verteilte ein paar der Kerzen. Als er das letzte Mal mit Burger hier unten war, hatten sie mehrere Scheinwerfer heruntergeschleppt und aufgestellt. Heute musste es anders gehen. Doch Reisinger war sich seiner Sache sicher. Die gesuchte Grabplatte war genau vor dem Altar auf dem Fußboden eingelassen. Links und rechts daneben befanden sich weitere, die meisten davon schon so verwittert, dass ihre Inschriften nicht mehr zu entziffern waren.

Reisinger hatte von Anfang an den gut erhaltenen Zustand dieser einen Grabplatte bemerkt. Der große Unterschied zu allen anderen hatte ihn stutzig gemacht.

Ob sie in früheren Zeiten besonders gepflegt worden war? War sie ausgetauscht worden, als die Botschaft in Vergessenheit zu geraten drohte? Oder war sie gar Teil eines perfiden Planes, den Zugang vor Unberechtigten verschlossen zu halten?

Hic requiescit in pace Odilius archiepiscopus Freiburgensis, custos clavibus secretum et divitiae. Sanft, fast liebevoll, strich Reisinger mit seinen Fingern über die Inschrift. Der Erzbischof Odilius als Bewahrer des Schlüssels zu Geheimnis und Reichtum! Die Lösung des Rätsels hatte die ganzen Jahre über vor aller Augen gestanden.

Dann ging alles überraschend einfach. Reisingers Finger fanden die beiden Vertiefungen am Schaft des Bischofsstabes, ein fester Druck, ein kaum spürbares Zittern. Mit einem schabenden Geräusch löste sich die Platte aus ihrem Rahmen und klappte zur Seite. Vor dem Professor öffnete sich ein schwarzes Loch.

Jetzt, da alle Zweifel beseitigt waren, durchströmte ihn ein ungeheures Glücksgefühl. So musste es Howard Carter ergangen sein, als er vor fast 100 Jahren die Grabkammer des Tutanchamun öffnete. Reisinger atmete tief durch. Jetzt gab es kein Zögern mehr. Er griff seine Taschenlampe und leuchtete nach unten. Grob behauene Treppenstufen lagen vor ihm, die ins Dunkel führten. Ein Geländer gab es keines. Vorsichtig setzte er den ersten Schritt, einen zweiten, dritten.

Als er das Knirschen hörte, war es bereits zu spät. Sein Fuß trat ins Leere, er rutschte nach vorn, die

Lampe fiel an ihm vorbei in die Tiefe. Instinktiv versuchte er sich festzuhalten. Doch seine Hand fand keinen Halt. Ein scharfer Schmerz, ein wildes Rudern.

Fall.

Ein dumpfer Schlag.

Dann versank alles um ihn.

Er wusste nicht, wie lange er gelegen hatte. Das Erste, was er spürte, war ein heftiger Schmerz, der von seinem linken Knie herkam. Reisinger versuchte sich zu bewegen. Doch der Schmerz wurde stärker.

Langsam öffnete er die Augen. Um ihn war alles dunkel, von irgendwoher hinter seinem Rücken leuchtete ein fahles Licht. Die Kälte ließ seine Erinnerung zurückkehren. Er hatte die Grabplatte des Erzbischofs zur Seite geschoben und hatte dann auf der Treppe den Halt verloren und war abgestürzt.

Reisingers Augen fielen wieder zu. Das hätte nicht passieren dürfen. Er war unvorsichtig gewesen, hatte sich von der Gier überwältigen lassen. Jetzt war er bestraft worden.

Über seinen Mund zog ein resigniertes Lächeln. Es wäre ja auch zu glattgegangen. Jeder Held musste mit Rückschlägen fertig werden. Aber genau das unterschied ihn von den anderen, von den Verzagten, von den Kleingläubigen. Ein Held gab nicht auf. Niemals.

An seinen Händen spürte Reisinger eine halb eingetrocknete Flüssigkeit. Sein Blut. Er musste versucht haben, sich in letzter Sekunde festzuklammern, und hatte sich beim Abrutschen aufgeschürft. Das würde er verkraften. Sein Knie machte ihm mehr Sorgen. Es schmerzte höllisch.

Trotzdem musste er etwas tun. Reisinger biss die Zähne zusammen und stemmte sich Zentimeter für Zentimeter nach oben. Jetzt sah er, dass das Leuchten aus der Ecke des Raumes kam, in dem er lag.

Die Taschenlampe. Sie hatte den Sturz heil überstanden. Ein gutes Zeichen!

Langsam schob sich Reisinger auf dem Boden vorwärts, bis er die Lampe mit der Hand greifen konnte. Er musste eine längere Zeit ohnmächtig gelegen haben, die Kraft des Lichtstrahls hatte bereits deutlich nachgelassen. Zum Glück hatte er Ersatzbatterien dabei. Der Rucksack lag oben in der Krypta. Sobald der Schmerz etwas erträglicher wurde, würde er hinaufsteigen und sie auswechseln.

Reisinger ließ das spärliche Licht durch den Raum wandern. Er befand sich in einer Art Verlies. Auf dem nackten Erdboden lagen Sand und Steine. Sonst war die Kammer völlig leer.

In der grob behauenen Wand zeichnete sich ein Schatten ab, ein schmales Dunkel im Dunkel. Eine niedrige Öffnung.

Der Gang!

Reisinger jubilierte. Er hatte recht gehabt. Dies konnte nichts anderes sein, als der Ausgang des sagenumwobenen unterirdischen Zugangs zum Münster. Das Geheimnis der Zähringer!

Mit größter Willensanstrengung stand er auf. Wieder durchzuckte ihn ein heftiger Schmerz, als er versuchte, den Fuß aufzusetzen. Doch er wollte sich jetzt nicht aufhalten lassen.

Schritt um Schritt schleppte Reisinger sich vorwärts. Vor der Öffnung bückte er sich und stützte sich an den Wänden ab. Es konnten nur noch wenige Meter sein, die ihn von dem Ort mit dem Münsterschatz trennten. Die Erbauer des Verstecks waren genial vorgegangen. Der Ort war nicht nur gut versteckt, sondern auch bestens zu verteidigen. Hier käme kein Eindringling vorbei, der nicht …

Nach der ersten Biegung war der Gang zu Ende. Im Licht der Taschenlampe sah Reisinger vor sich eine Wand aus Stein, Fels und Erde. Keine Lücke war zu erkennen. Alles war fest miteinander verkeilt. Es sah aus, als sei der Gang an dieser Stelle vor langer Zeit eingebrochen.

Zum ersten Mal spürte der Professor eine leise Enttäuschung. Doch er fing sich rasch. Wie konnte er erwarten, dass nach Jahrhunderten alles unverändert geblieben war? Bisher war alles gut gegangen, wenn er von seinem Sturz absah. Doch das war mehr seiner Unbesonnenheit zuzuschreiben als dem, was er vorfand. Bedauerlich war nur, dass sich das Ganze nun zeitlich verzögern würde. Hier halfen nur Hacke und Schaufel. Aber nach ein, zwei Tagen Arbeit wäre der Zugang freigelegt.

Ein letztes Mal leuchtete er alles sorgfältig ab. Dann tastete er sich zurück in den kleinen Vorraum. Völlig erschöpft ließ er sich an einer der Wände zu Boden sinken. Die Aktion hatte Reisinger viel Kraft gekostet. Der Schmerz im Bein war kaum mehr auszuhalten.

Vielleicht war es besser, eine längere Pause einzulegen. Auf ein paar Tage kam es nun auch nicht mehr an. Er würde seine Verletzung in Ruhe auskurieren und dabei das weitere Vorgehen gut planen. Beim nächsten Mal würde er mit Seilen und den nötigen Werkzeugen zurückkommen. Dann würde ihn nichts mehr aufhalten.

Von seinem Platz aus leuchtete Reisinger ein weiteres Mal den Raum ab. Schräg über sich sah er die rechteckige Stelle in der Decke, von wo aus er heruntergestürzt war. Die Grabplatte war wieder an ihren ursprünglichen Platz zurückgeglitten. Der schwere Stein war mit einem einfachen Schwingmechanismus verbunden und von der Unterseite aus mit einem steinernen Hebel zu bedienen. Einfach, aber wirkungsvoll, stellte Reisinger voller Bewunderung fest. Und noch nach Jahrhunderten funktionsfähig! Er würde ihn problemlos öffnen können, er musste lediglich die Stufen …

Die Erkenntnis traf den Professor wie ein Schlag.

Es gab keine Stufen mehr. Was er im trüben Licht sah, waren die Reste dessen, was einmal in die Wand eingelassen war. Auf dem Boden darunter lagen ein paar vereinzelte Brocken. Das war alles.

Drei Meter.

Selbst wenn er mit seinem verletzten Knie in der Lage gewesen wäre zu springen, konnte er den Mechanismus nicht erreichen. Die spärlichen Reste in der Wand machten ein Hochklettern völlig aussichtslos.

Reisinger stöhnte vor Enttäuschung. Das warf alle seine Pläne über den Haufen. Er musste um Hilfe rufen. Und dann würde er erklären müssen, wie und warum er in dieses Verlies gelangt war.

Resigniert zog er sein Mobiltelefon aus der Hemdtasche. Zum Glück hatte es den Sturz überstanden. Das Display warf ein beruhigendes Licht auf sein Gesicht.

Wen sollte er anrufen? Ließ sich der Schaden noch in Grenzen halten? Das Unvermeidliche aufhalten? Der junge Burger wäre jetzt der Richtige. Doch der ruhte inzwischen auf dem Grund des Waldsees. Kollegen von der Fakultät? Reisinger schnaubte verächtlich. Niemals. Neider, Ignoranten, Karrieristen allesamt, von denen ihm keiner das Wasser reichen konnte. Diese Erniedrigung konnte er nicht auf sich nehmen. Jemanden von der Stadt? Vom Münsterbauverein? Oder einfach den Notruf?

Kein Netz.

Die beiden Worte starrten ihm nüchtern entgegen. Reisinger schluckte. Ein Gedanke keimte in ihm auf und wurde rasch größer. Ein äußerst unangenehmer Gedanke.

Er schwenkte das Handy im Raum langsam hin und her. Manchmal ging es auf diese Weise. Über den Kopf. Verkehrt herum.

Kein Netz.

Mühsam rappelte er sich auf, Schritt für Schritt ging

er den Raum ab, den Blick starr auf das kleine, leuchtende Rechteck gerichtet.

Kein Netz.

Reisinger ermahnte sich zur Ruhe. Es gab für alles eine Erklärung, und es gab für alles eine Lösung. Es konnte in den Gewölben tief unter Tausenden von Tonnen Erde und Gestein keinen Handyempfang geben. Natürlich nicht. Er musste eine andere Möglichkeit finden, sich bemerkbar zu machen.

Plötzlich hörte er es. Ein Rascheln. Ein leises Klopfen. Das Trippeln kleiner Füße. Neugierig spähte die Ratte in den immer schwächer leuchtenden Lichtkegel der Taschenlampe. Sie setzte sich auf, reckte die Nase nach oben, nahm Witterung auf. Dann strich sie sich mit beiden Pfoten über die Schnurrbarthaare. Reisinger stockte der Atem. Der Gang!, durchfuhr es ihn. Wenn die Ratte hier hereingekommen war, musste es auch einen Ausgang geben.

Er setzte einen Schritt vorwärts. Im selben Augenblick drehte sich die Ratte um und hoppelte davon. Der Schmerz überfiel den Professor mit voller Wucht. Trotzdem humpelte er dem Tier hinterher in den Gang. Vor der Einsturzstelle setzte sich die Ratte erneut auf und beäugte den großen Menschen. Dann verschwand sie plötzlich unter einem Felsstück in der Wand.

Reisinger griff in die kleine Öffnung und begann, mit seinen Fingern die Erde aufzukratzen. Immer wieder rüttelte er an dem Stein. Vergebens. Seine Nägel hinterließen kaum sichtbare Spuren in der Wand.

Es war sinnlos.

Reisinger schleppte sich den Gang zurück. Erschöpft sank er vor der Wand zu Boden. Sein Bein war ein einziger flammender Schmerz. Vor seinen Augen tanzten rote Lichter.

Bei aller Enttäuschung durfte er jetzt nicht aufgeben. Es musste andere Möglichkeiten geben. Die Türen fielen ihm ein. Die Türen! Vielleicht hatte er doch nicht alle hinter sich verschlossen. Bestimmt würde einer der kirchlichen Mitarbeiter aufmerksam werden und Verdacht schöpfen. Er musste nur durchhalten.

Klaren Kopf behalten.

Nicht aufgeben.

Niemals.

In seinen traumlosen Schlaf mischte sich Musik. Himmlische Töne drangen von weit her an sein Ohr. Mit einem Ruck wachte Reisinger auf und lauschte. Das war kein Traum! Gedämpft und doch ganz deutlich hörte er Musik. Die Orgel! Viele Meter über ihm saßen die Besucher des Münsters und lauschten einem weiteren Abendkonzert!

Sofort kam die Hoffnung zurück. Vielleicht konnte er sich doch bemerkbar machen. Irgendwie.

Er tastete sich durch den Raum, immer den Tönen nach. Direkt neben der Öffnung zu dem Gang war die Musik am deutlichsten zu hören. Reisinger schoss das Blut in die Schläfen. Natürlich, das war es. Das musste es sein.

Die Posaune der Geister!

Es musste die Stelle unterhalb der Säule des Seitenaltars am Hahnenturm sein. Die Stelle, die mit den Bögen im Kirchenschiff in direkter Verbindung stand.

Reisinger konnte es kaum erwarten, bis das Konzert zu Ende war. Als die letzten Töne verklangen, drückte er sein Gesicht eng an die Wand und begann zu rufen. Kurz nacheinander. Und laut. So laut er konnte.

Rasch legte er sein Ohr an die Wand und lauschte. Keine Reaktion. Ein zweiter Versuch. Reisinger legte seine ganze Kraft in die Stimme. Wieder presste er sein Ohr an die Wand. Dieses Mal hörte er Stimmen. Weit entfernt, aber deutlich.

Eine Antwort!

Reisinger stieß einen Seufzer der Erleichterung aus. Ein drittes Mal rief er und presste sein Ohr an die Wand. Er konnte verstehen, wie sich die Stimmen zu Worten und Sätzen formten!

»… die Posaune der Geister. Wenn es ganz still ist, kann man sie manchmal hören, Stimmen, die aus der Tiefe kommen. Man sagt, es sei das Wispern und Klagen ruheloser Seelen. Oder ist es doch nur der Wind?«

FREIZEITTIPPS (MÜNSTERPLATZ):

Münster

Das Münster Unserer Lieben Frau, erbaut von 1200 bis 1513, ist eine römisch-katholische Kirche. Das Wahrzeichen der Stadt Freiburg gilt als künstlerisch-architektonische Meisterleistung der Gotik. Der 116 Meter hohe Turm wurde als einziger in Deutschland noch im Mittelalter beendet und gilt nicht nur bei Einheimischen als »schönster Turm der Christenheit«.

Auswahl besonderer Sehenswürdigkeiten:

die Portalvorhalle mit ihrem umfangreichen und besterhaltenen Figurenzyklus hochgotischer Bildhauerkunst;

die Glasfenster, neben biblischen Darstellungen unter anderem mit Motiven der Freiburger Handwerkerzünfte;

der Hochaltar von Hans Baldung Grien und ein Altar von Hans Holbein dem Jüngeren;

die Vielzahl bizarrer Wasserspeier im Außenbereich.

Augenzwinkernde Mahnung: Das Münster ist seit 1827 Bischofskirche, wird aber in Freiburg aus Tradition weiter Münster und NICHT Dom oder Kathedrale genannt (ein unverzeihlicher Fauxpas für jeden Touristen!).

Hosanna

Insgesamt 19 Glocken hängen in der Glockenstube des Münsterturms unter dicken Tannenholzbalken. Die Hosanna wurde bereits 1258 gegossen und gehört zu den ältesten erhaltenen Glocken dieser Größe. Früher mussten bis zu neun Mann an einem Strang ziehen, um die über drei Tonnen schwere Bronzeglocke in Bewegung zu setzen. Ursprünglich diente das Läuten der Hosanna als Brand- und Sturmwarnung sowie zur Einberufung einer Gerichtsversammlung. Heute wird die Hosanna unter anderem freitags am Vormittag geläutet. Ihr Klang pünktlich um elf Uhr brachte ihr im Volksmund den Namen »Spätzlesglocke« ein – es war die Zeit, das Wasser für das Mittagessen aufzusetzen.

Münsterplatz

Der Markt auf dem Münsterplatz findet außer am Sonntag täglich vormittags statt. Er ist Anziehungspunkt für Einheimische wie für Besucher gleichermaßen. Rund um das Münster verteilen sich die Anbieter nach einer festgelegten Ordnung. An der Südseite bieten die Händler ein vielfältiges Angebot, die Nordseite ist traditionell den Bauern und einheimischen Erzeugern vorbehalten. Kunsthandwerker, Gartenbetriebe und Imbissstände ergänzen das umfangreiche Angebot.

Alte Wache

Neben den beiden Brunnen und dem Münster selbst ist die Alte Wache das einzige Bauwerk, das direkt auf dem Münsterplatz steht. 1733 erbaut, diente das Gebäude zunächst als Hauptwache der österreichisch-habsburgischen Wachorganisation in Freiburg. Im Zweiten Weltkrieg blieb das Gebäude als eines der wenigen nahezu unversehrt. Später wurde die Alte Wache lange Jahre privat genutzt. Seit der Renovierung 1990 dient sie als Präsentations- und Probierstube der Badischen Winzergenossenschaften. Alljährlich ist die Alte Wache Mittelpunkt des Anfang Juli stattfindenden Freiburger Weinfestes.

Kornhaus

Das Kornhaus ist mit seinem markanten Stufengiebel das auffälligste Gebäude an der Nordseite des Münsterplatzes. Ursprünglich als Zunfthaus errichtet, wurde es seit 1498 des Öfteren umfunktioniert und vielfältig genutzt: als Tanz- und Festsaal, Schlachthaus, Theater- und Komödienhaus und schließlich als Kornlager.

Heute finden sich hier Ladengeschäfte und ein Café.

Historisches Kaufhaus

Reich geschmückte Erker und Fenster sowie die auffällige rote Fassade machen das Histori-

sche Kaufhaus zum herausragenden Gebäude an der Südseite des Münsterplatzes. Es wurde seit 1520 als Erweiterung des Alten Kaufhauses (1378) in der Schusterstraße zum Münster hin ausgebaut. Früher diente es dem Warenumschlag und zur Zollabwicklung.
Der Kaisersaal und andere historische Räume im Innern werden heute zu repräsentativen Anlässen ebenso genutzt wie zur Durchführung von Vorträgen und Konzerten. Unter den Arkaden am Münsterplatz befindet sich traditionell ein Freiluft-Buchantiquariat.

Fischbrunnen und Georgsbrunnen

Der spätgotische Fischbrunnen gilt als einer der ältesten und schönsten Brunnen der Stadt. Er zeigt 8 Figuren aus dem frühen 17. Jahrhundert. Seine Ursprünge gehen bis auf das 15. Jahrhundert zurück. Damals befand er sich im Zentrum der Stadt, dort, wo jetzt der Bertoldsbrunnen steht. In dem Trog wurden zu Marktzeiten Fische aufbewahrt. Nach zwischenzeitigen Umzügen wurde der Fischbrunnen 1970 an seinen jetzigen Ort auf dem Münsterplatz versetzt.
An der Südwestseite des Münsterplatzes steht der Georgsbrunnen. Er trägt die vergoldete Figur des Heiligen St. Georg, des Stadtpatrons von Freiburg.

Die Lange Rote

Die Lange Rote ist der Name für die traditionelle Freiburger Bratwurst. Sie wird seit den 50er-Jahren auf dem Münsterplatz verkauft, wahlweise mit gebratenen Zwiebeln. Trotz mittlerweile großer Konkurrenz mit Kurzen, Weißen, Thüringern oder neuerdings Tofu bleibt die Lange Rote eine Institution. Kenner verspeisen die über 30 Zentimeter lange Wurst am Stück, keineswegs halbiert ins Weckle gepresst.

Münsterladen

Im Gebäude der Alten Münsterbauhütte ist heute ein Verkaufs- und Souvenirladen untergebracht. Erhältlich sind Infos und Publikationen zur Baugeschichte des Münsters, dazu originale und originelle Münstersouvenirs.

Museum für Stadtgeschichte

Das Museum zur Geschichte der Stadt befindet sich im restaurierten barocken Wohnhaus des Freiburger Rokoko-Künstlers Johann Christian Wentzinger (auch »Haus zum Schönen Eck« genannt). Besucher sehen hier Stadtmodelle, Dokumente, Kunstwerke und archäologische Funde aus der Stadtgeschichte.

Gässle

Manche der Freiburger Gässle (schmale Gassen), die zum Münsterplatz führen, sind so eng, dass man kaum aneinander vorbeikommt, wie zum Beispiel das Buttergässle und das Kaufhausgässle neben dem Historischen Kaufhaus. Das Präsenzgässle als Verbindung zwischen Erzbischöflichem Ordinariat und dem Münsterplatz war eine gute Möglichkeit, rasch zur Messe zu gelangen, um dort »Präsenz« zu zeigen. Vor allem, wenn einer der Würdenträger einmal verschlafen hatte.

2. DAS ATTENTAT ODER: NUR EIN PUNKT

Gegen Ende der ersten Halbzeit war das Geschehen auf dem grünen Rasen des Freiburger Stadions an Spannung kaum zu überbieten. Wieder und wieder brandete der Jubel von den Rängen. Jede gelungene Aktion ihrer Mannschaft wurde von den Fans enthusiastisch gefeiert. Bisher hatte das Freiburger Abwehrbollwerk gehalten. Immer noch hielt der SC das torlose Unentschieden. Vielleicht war das Unmögliche doch kein Wunschdenken eingefleischter Fans.

Die übermächtigen Bayern hatten bereits vor drei Wochen die Meisterschaft unter Dach und Fach gebracht. Doch es war ihnen anzumerken, dass sie keineswegs gewillt waren, die Punkte zu verschenken. Schon gar nicht gegen einen Abstiegskandidaten.

Für den SC war hingegen wieder Hoffnung aufgekommen. Nachdem die Mannschaft über Monate hinweg nahezu aussichtslos auf einem der Abstiegsplätze stand, hatten sie sich mit Kampf und Leidenschaft Spieltag für Spieltag, Stück für Stück wieder herangearbeitet. Was niemand mehr für möglich gehalten hatte, lag jetzt zum Greifen nah. Noch ein Punkt musste her, um sicher zu sein. Wenn der Gegner am letzten Spieltag nicht ausgerechnet Bayern München heißen würde.

Horst Tritsche sah auf die Uhr. Noch fünf Minuten bis zur Pause. In wenigen Augenblicken würde er mit der Ausführung seines großen Vorhabens beginnen.

»Das ist nicht einfach vorauszusagen. Wenn alles gut geht, spüren Sie die Veränderungen kaum. Sie können sich daran gewöhnen und das Nötige vorbereiten. Ich schätze ein, zwei Jahre. Wenn Sie Pech haben geht es schneller.«

Die Diagnose war niederschmetternd. Demenz im Anfangsstadium. Die Symptome waren eindeutig. Heilungsaussichten gab es keine. Vielleicht konnte man mit entsprechender Behandlung den Verfall hinauszögern. Vielleicht.

Die dumpfen Empfindungen in seinem Kopf hatten ihre Erklärung. Die Vergesslichkeit der letzten Monate war mehr als Nachlässigkeit. Als er eines Morgens nicht wusste, was er mit der Zahnbürste machen sollte, war er zum Neurologen gegangen.

Das Schicksal grinste ihm mit seiner hässlichsten Maske entgegen. Wieder einmal. Irgendjemandem bereitete es ein teuflisches Vergnügen, ihn immer und immer wieder auf den Boden zu werfen und ihn in den Staub zu treten.

Horst Tritsche war es nicht anders gewohnt. Am selben Abend betrank er sich. Alleine. Es gab nicht einmal jemanden, bei dem er sich ausheulen konnte.

Ilse, seine Frau, war ihm schon vor Jahren weggelaufen. Sie wolle ihr Leben nicht an einen Verlierer verschwenden, hatte sie gesagt. Damals, als die Abteilungsleiterstelle, auf die er gehofft hatte, an den Schnösel aus der Marketingabteilung gefallen war. An einen, der sich besser verkaufen konnte. Du wirst es nie zu etwas bringen, waren ihre Worte zum Abschied.

Und er hatte es zu nichts gebracht. Der Unfall ein halbes Jahr später, der ihn in die Erwerbsunfähigkeitsrente zwang, das nachgezogene Bein, die Kopfschmerzen, ein paar Euro vom Arbeitsamt. Am Schluss blieb eine schmucklose Zweizimmerwohnung in dem Stadtteil, wo er es sich leisten konnte. Tage und Nächte zwischen Glotze, Bier und Internet.

Und jetzt dies. Beginnende Demenz. Erste Löcher im Gewebe seiner Erinnerungen, dann immer mehr. Graues Nichts. Das Leben würde sich von ihm endgültig verabschieden.

Horst Tritsche war 57 Jahre alt, und er war am Ende.

Die sommerliche Hitze im Breisgau und die Spannung auf dem Rasen machten die Menschen durstig. Kaum hatte der Schiedsrichter zur Pause gepfiffen, standen die Zuschauer von den Tribünenplätzen auf und drängten sich durch die schmalen Aufgänge nach draußen. Es war Zeit für ein Bier, für Schorle oder Cola. Vor den beiden Verkaufsständen bildeten sich rasch ebenso lange Schlangen wie vor den Toiletten. Überall standen die Menschen in Gruppen zusammen. Das Geschehen der ersten 45 Minuten wurde gesten- und wortreich nachbesprochen und kommentiert.

Horst Tritsche war beruhigt. Die Menge bot ihm genau den Schutz, den er benötigte. Kein Aufsehen. Keine Fragen. Keiner beachtete ihn, als er die Reihe der riesigen Stahlträger entlanglief, die von der Rückseite her die Haupttribüne und das tonnenschwere Stadiondach stützten. Niemand stellte unangenehme Fragen, als er sich neben einem Sicherungskasten niederbeugte und mit den Fingern in die kleine Nische dahinter tastete. Keiner sah, wie er das unscheinbare, in eine Plastikeinkaufstüte gewickelte Päckchen hervorzog und in seiner Jackentasche verschwinden ließ. Tritsche nickte zufrieden und reihte sich unauffällig in die Schlange am Bratwurstkiosk ein.

Irgendwann kam der Zeitpunkt, an dem Tritsche es aufgab, mit der Glücksgöttin zu hadern. Er hatte seine Chancen verpasst. Das Leben würde ihm nichts mehr bieten. Eine Zeit lang dachte er an Selbstmord. Den Schalter umlegen. Schluss machen von jetzt auf nachher, ein für alle Mal.

Doch etwas hielt ihn zurück. Unter den Trümmern seines Lebens regte sich ein letzter Funken Würde. Er wollte im Tode nicht noch all denen recht geben, die ihn als Feigling und Langweiler behan-

delt hatten. Wenn es überhaupt jemanden gab, dem sein Tod auffallen würde.

Vielleicht die alte Dame in der Wohnung auf demselben Stockwerk gegenüber. Sie war die Einzige, mit der er sich im Haus grüßte. Dabei vermutete er, dass sie es nur aus Höflichkeit und schlechtem Gewissen tat, seit ihre Promenadenmischung seine Haustür mit einer Duftmarkierung versehen hatte. Der Paketbote schon eher, der alle paar Tage die Sendung eines Versandhändlers bei ihm vorbeibrachte. Immer in Eile, aber inzwischen fragte er nicht mehr, ob er tatsächlich Herr Horst Tritsche sei.

Und dann gab es die Frau, die an der Kasse seines Einkaufsmarktes saß. Nicht sonderlich auffällig, das einzig Farbige an ihr war die karminrote Firmenjacke, die sie während der Arbeit trug. Sie hatte ihn vor ein paar Wochen angesprochen, am Morgen, als wenig Betrieb war. Irgendetwas mit »Einkauf während der Hausfrauenzeit«. Er hatte es vergessen. Trotzdem stellte er sich immer an ihrem Band an, wenn sie da war. Auch wenn es seither nicht mehr als ein freundliches Nicken gab.

Als Tritsche endlich an die Reihe kam, war er der Letzte. Schon vor ein paar Minuten waren die Zuschauer zurück auf ihre Plätze geeilt, um nichts zu verpassen. Als er den Zehneuroschein über den Tresen reichte, ertönte vom Stadion heraus bereits wieder das Rufen und Schreien, Klatschen und Stöhnen der Menge.

»Jetzt aber los«, drängte der junge Verkäufer mit der schwarz-roten Schirmmütze auf den blonden Locken. »Es hat schon angefangen!« Auch er konnte es kaum erwarten, in das Stadioninnere zurückzugelangen.

Tritsche nahm die Bratwurst und das Wechselgeld in Empfang. Plötzlich ein Aufschrei. Das Stadion bebte. Hinter dem Jungen wurde ein Vorhang zur Seite gerissen.

»Eins zu null für die Bayern. Jetzt kannst du es vergessen!«

Tritsche biss in die Wurst.

»Scheiße!«, fluchte die schwarz-rote Mütze.

Zu Tritsches Erstaunen versank er keineswegs in einen Sumpf von Weinerlichkeit und Sarkasmus. Seine Verzweiflung über das ungnädige Schicksal dauerte nur ein paar Schnapsflaschen lang. Stattdessen begann sich angesichts der drohenden Endgültigkeit etwas in ihm zu regen. Etwas, das er in dieser Art noch nie gespürt hatte.

Die Erkenntnis traf ihn unvermittelt. Das, was kommen musste, würde er nicht ändern können. Aber gleichzeitig wurde ihm für dieses eine Mal etwas in die Hand gegeben. Etwas, das nur ihm gehörte. Über das er allein bestimmen konnte. Und je mehr ihm die Tragweite dieser Erkenntnis bewusst wurde, fühlte er, wie letztlich doch alles seinen Sinn bekam.

Vom heutigen Tag an war er frei.

Schwindel erfasste ihn. Der Rausch seiner Gedanken trug ihn fort. Eine Kreuzfahrt. Oder noch besser: eine Weltreise. In Rio Samba tanzen. In den Nachtbars Tokyos Karaoke singen. Im Big Apple auf Shoppingtour gehen. Das Donnern der Niagarafälle, das Rauschen der Riesenwellen auf Hawaii, das flirrende Kreischen des Regenwaldes am Amazonas – eine einzige große Abschiedssymphonie. Ein gewaltiges Feuerwerk abbrennen, ehe er sich und die Welt völlig vergessen würde. Ehe am Ende alles untergeht und verglüht.

Und es wäre gänzlich unwichtig, ob irgendjemand je von seinem Tod erfahren würde. Niemand würde wissen, dass Horst Tritsche jemals existiert hatte.

Doch es gab eine weitere Möglichkeit. Das genaue Gegenteil. Eine Idee, die Tritsche zuvor niemals zugelassen hätte, und die ihm das Schicksal unverhofft in die Hände spielte. Er konnte mit einem einzigen Schlag die ganz große Trommel ertönen lassen. Es würde ein Knall sein, der auf der ganzen Welt hörbar sein würde. Für jeden Menschen. Und sein Name würde für alle Zeiten damit verbunden sein.

Die Ideen strömten ihm nur so zu. Eine Flugzeugentführung! Ein Sprengstoffanschlag auf den Eiffelturm oder das Taj Mahal! Er konnte das Trinkwasser der Hauptstadt vergiften! All das war spektakulär, einzigartig.

Aber auch aufwendig und kompliziert. Zu kompliziert für ihn. Alleine die Vorbereitung würde

Monate brauchen. Zeit, die er nicht hatte. Nicht mehr.

Die Idee kam plötzlich. Und sie war so kühn wie einfach. Wenn er unsterblich werden wollte, musste er sich die Berühmtheit der Unsterblichen zu Nutze machen.

Tritsche spürte eine ungeheure Erregung, als er sich an seinen Schreibtisch setzte und den Rechner hochfuhr. Mit ein paar Klicks hatte er in einem Onlinelexikon gefunden, was er suchte.

Tritsches Atem ging schneller, als er die Liste der historischen Attentatsopfer durchging. Julius Caesar, Abraham Lincoln, Mahatma Gandhi, John F. Kennedy, John Lennon. Jeder auf der Welt kannte diese Namen. Und jeder kannte die Namen derer, die in einer zweiten Spalte danebenstanden. John Booth, Harvey Oswald, Mark David Chapman … Menschen wie er, Menschen wie Horst Tritsche. Unbekannt, alltäglich, unwichtig. Der Anschlag riss sie heraus aus der Anonymität. Nach dem Anschlag waren sie über Nacht berühmt. Weltberühmt. Ihre Namen fielen in einem Atemzug mit ihren Opfern. Heute noch. Und für alle Zeiten.

Tritsche druckte die Liste aus. Er las die Namenspaare, immer wieder. Er holte einen Stift und schrieb seinen eigenen Namen sorgfältig an das untere Ende der zweiten Spalte. Horst Tritsche.

Und es dauerte nicht lange, bis er den anderen Namen gefunden hatte.

Politiker kamen nicht infrage. Die wirklich relevanten Führer aus Amerika, Europa und Asien waren unnahbar und zudem rund um die Uhr mit Sicherheitskräften umgeben. Der Dalai Lama vielleicht. Doch der war zu weit weg. Und die wirklich großen Künstler wie Picasso und van Gogh waren längst tot.

Filmschauspieler? Musiker? Sportler? Würde es in die Weltgeschichte eingehen, wenn einer der unzähligen Hollywoodstars einem Anschlag zum Opfer fiele? Ein Leichtathletikolympiasieger? Gab es Musiker, die jeder auf der Welt kannte? Immerhin hatte John Lennons Tod 1980 seinen Mörder bis heute bekannt gemacht. Aber das waren andere Zeiten. Wer von den Jüngeren kannte noch Bob Dylan oder Mick Jagger?

Am Ende war die Lösung einfach. So wie gute Lösungen immer einfach sind. Tritsche lehnte sich in seinem Stuhl zurück und schloss die Augen.

Fußball.

Von Alaska bis zu den entlegensten Südseeinseln wurde Fußball gespielt. Weltweit. Millionen Zuschauer waren bei der letzten Weltmeisterschaft vor den Fernsehern gesessen. Das Siegtor wurde unzählige Male gesendet. Die Namen der Sieger gingen um die ganze Welt. Sie wurden verehrt, vergöttert.

Und doch gab es in der Siegermannschaft einen, der herausragte. Der Macher des Ganzen. Der oberste Repräsentant. Der Sympathieträger schlechthin. Er

trug dieselben Initialen wie John Lennon. Ein gutes Zeichen. Und er wohnte in Freiburg.

Um ihn herum war jetzt kein Mensch mehr zu sehen. Tritsche entschloss sich, die Waffe bereits jetzt vorzubereiten. Er riss die Klebestreifen ab, wickelte die Plastiktüte auf und zog die Pistole heraus. Langsam schlug er das Wolltuch auseinander. Kaliber 9 Millimeter. Sie schimmerte matt und roch nach Öl.

Er war immer noch erstaunt, wie problemlos er sie bekommen hatte. Vielleicht hatten sie ihm einen Hunderter zu viel abgeknöpft auf dem Parkplatz hinter dem großen Einkaufszentrum. Aber das war nicht wichtig. Er hatte eine Pistole gebraucht, und er hatte sie bekommen. Eine Schachtel mit 20 Patronen gab es dazu. Wenn alles so lief, wie er es sich vorstellte, würde eine genügen.

Tritsches erste Fahrt nach Freiburg wurde ein kompletter Reinfall. Natürlich war kaum zu erwarten gewesen, dass ein Prominenter dieser Güte einfach so im Telefonbuch stand. Trotzdem hätten die Widersprüche seiner Recherchen Tritsche stutzig machen müssen. Die wenigen Hinweise waren keineswegs eindeutig. Er wohne in Freiburg, hieß es. In der City. In einem Stadtteil. In einem Vorort. In einer Umlandgemeinde. In seinem Geburtsort im Schwarzwald. Tritsche hatte die Ungereimtheiten zur Seite gewischt. Vor Ort würde es bestimmt jeder wissen.

Nach einigem Suchen fand Tritsche ein Zimmer in einer kleinen Pension in der Kartäuserstraße am Fuße des Schlossbergs. Freiburg machte seinem Ruf als Green City bereits bei seiner Ankunft alle Ehre. Viele Radfahrer, viel Grün, Vogelgezwitscher. Zum Wohlfühlen. Doch deshalb war er nicht hergekommen.

Auf seine Frage sah ihn die Besitzerin, eine freundliche Endvierzigerin, mit großen Augen an. Wo der Bundestrainer wohne? Sie schüttelte den Kopf. Nein, das wisse sie nicht. Aber er könne doch bei der Geschäftsstelle des SC fragen, die sei gleich dort drüben, beim Stadion.

Die Sekretärin in dem kleinen Büro lächelte freundlich. »Es tut mir leid, darüber können wir keine Auskunft geben«, beschied sie ihm mit charmantem alemannischem Zungenschlag. Der Bundestrainer sei dem SC Freiburg seit seiner Zeit als Spieler freundschaftlich verbunden. Man bitte ihn doch, die Privatsphäre zu berücksichtigen.

Dieselbe Auskunft im Fanshop in der Innenstadt. Höflich, aber bestimmt. Der Verkäufer war ehrlich genug, um zuzugeben, dass er es selbst nicht genau wisse. Irgendwo in Freiburg. Oder im Schwarzwald. Bei der Redaktion der örtlichen Zeitung in der Innenstadt der dritte vergebliche Versuch mit der dritten ähnlich lautenden Antwort.

Tritsche erntete ein paar ungnädige Blicke, als er sich durch seine Reihe zurück an seinen Platz drängte.

Um ihn herum diskutierten die Fans den unglücklichen Rückstand kurz nach dem Wiederanpfiff. Eine zu kurze Rückgabe, ein Stolperer – und schon war es passiert. Die Topstürmer des Meisters waren einfach zu clever, um sich eine solche Chance entgehen zu lassen.

Der Blick auf die Anzeigetafel bedeutete ebenfalls nichts Gutes. Die Freiburger Mitkonkurrenten um den Abstieg lagen zur Pause vorne. Da war keine Schützenhilfe zu erwarten. Ein Punkt musste her. Unbedingt.

Noch 40 Minuten.

Am Rathausplatz fand Tritsche einen der begehrten Plätze an einem der Tische vor dem Eiscafé. Um ihn herum wogte das Geschehen des touristischen Frühsommers. Das Glockenspiel am Alten Rathaus war ein ebenso begehrtes Fotomotiv wie der Brunnen mit dem Denkmal des Bertold Schwarz, der zumindest den Freiburgern als Erfinder des Schießpulvers galt. An einem weiß geschmückten Stehtisch hatte sich eine Hochzeitsgesellschaft versammelt und verkürzte die Zeit bis zum Erscheinen des Brautpaars mit klingenden Sektgläsern und fröhlichem Gelächter. Ein als Mönch gekleideter Reiseleiter mit Laterne und Krummstab dozierte über die Geheimnisse der Klosterarkaden. Überall gute Laune.

Tritsche löffelte an seinem Schwarzwaldbecher. Er musste seine Vorgehensweise ändern. Ob er einfach die Menschen auf der Straße ansprechen sollte?

Der Gedanke trieb ihm den Schweiß auf die Stirn. Das war überhaupt nicht nach seinem Geschmack.

»Dort oben auf dem Balkon hat er jestanden!«, hörte er einen seiner Tischnachbarn sagen.

»Und er hat wirklich den WM-Pokal dabei gehabt!«, ergänzte seine Begleiterin.

»Jut aussehender Mann. Immer tipptopp jekleidet. Sogar Autogramme hat er jegeben.«

Ihrer Sprache nach zu schließen kam das ältere Ehepaar vom Niederrhein. Tritsche wurde hellhörig. »Der Bundestrainer, nicht wahr?«, fragte er vorsichtig.

Die beiden nickten eifrig. »Ham wer in Fernsehen jesehen, weißt du noch Ernaschatz? Da wär isch jerne in echt dabei jewesen.«

»Er soll ja hier wohnen«, fuhr Tritsche fort. Er hoffte, dass sie ihn nicht als aufdringlich empfanden.

»Ja natürlich. Er wohnt in Freiburg.«

»Im Schwarzwald!«, verbesserte ihn Ernaschatz lächelnd.

»Freiburg. Schwarzwald. Is doch datselbe, nicht wahr?« Der Mann zückte seine Kamera. »Hätten Sie die Freundlichkeit, ein Foto von uns beiden zu machen? Von mir und meiner Frau? Vor dem WM-Balkon! Wissen Sie, unser Thorsten, was unser Enkel ist, ist ein großer Fußballfan. Da wollen Opa und Oma ihm eine Freude machen!« Schon waren beide aufgestanden und hatten sich in enger Umarmung für das Foto in Pose gestellt.

Tritsche lächelte und machte gute Miene zum bösen Spiel. Gleich darauf ließ er den Eisbecher stehen und verabschiedete sich. Das war wohl nichts. Von den anderen Touristen war gewiss nicht mehr zu erwarten.

Unter den Arkaden des Alten Rathauses kam eben das Brautpaar hervor. Zwei ganz in Weiß gekleidete kleine Mädchen streuten Rosenblätter auf die Pflastersteine, in die an dieser Stelle die Mosaike der Freiburger Partnerstädte eingelassen waren. Tritsches Blick fiel auf das Schild der Tourist Information gleich dahinter. Sein Herz schlug höher. Wenn er eine offizielle Auskunft bekommen würde, dann dort. Er konnte ja kaum der Einzige sein, den das interessierte.

Die Dame am Infoschalter war höflich, aber bestimmt. Man sei stolz, einen solch prominenten Mitbürger in der Stadt zu wissen. Man sei jedoch seit Jahren übereingekommen, die Privatsphäre zu schützen, er würde das sicher verstehen. Für eine Autogrammkarte könne er sich gewiss an den Deutschen Fußball-Bund wenden.

Die Bayern erzielten das zweite Tor. 2:0. Die Konkurrenz zeigte keine Schwächen. Die Stimmung im Stadion sackte merklich ab.

Am Ende des Tages war Tritsche völlig erschöpft zurück in die Pension gekommen. Er war durch die halbe Stadt gelaufen, hatte sich auf Bänke im Stadtgarten und im Colombipark gesetzt. Seinen ganzen Mut hatte er zusammengenommen und Menschen angesprochen, die ihm geeignet schienen. Doch er war keinen Schritt weitergekommen. Die meisten waren Touristen und wussten nichts. Die wenigen Freiburger hatten nur unwillig den Kopf geschüttelt.

Was konnte er nur tun? Ob er in den Schwarzwald fahren sollte? Seit den Berichten von der Weltmeisterschaft wusste er, dass der Bundestrainer aus einem Dorf am Feldberg stammte. Doch das ginge gar nicht. Wahrscheinlich wäre er sich dort vorgekommen wie ein bunter Hund. Wenn er überhaupt hingefunden hätte. Außerdem hatte er kein Auto dabei.

Nach ein paar wenigen Stunden unruhigem Schlaf stand Tritsche auf mit dem Vorsatz, zurück nach Hause zu fahren.

Beim Frühstück zeigte die Wirtin ihr Mitgefühl. Und sie hatte auf ihre Weise eine Erklärung parat. »Sehen Sie, deshalb gefällt's dem Jogi so gut bei uns. Hier hat er seine Ruhe vor dem ganzen Trubel. Mit Fernseh und so.«

Tritsche klopfte lustlos auf seinem Frühstücksei herum. Wie konnte er nur so naiv sein? Wie konnte er erwarten, dass alles auf Anhieb klappte, wenn er einmal den Schritt in die große Welt wagte. Und wenn es nur Freiburg war. Er wünschte, dass er nie hergekommen wäre.

»Warum wollen Sie ihn überhaupt besuchen?«

Die Wirtin ließ nicht locker. »Der ist doch sowieso meistens unterwegs!«

Tritsche schmierte sich ein halbes Brötchen mit Butter und biss hinein. »Na ja …«, druckste er herum. Was sollte er sagen? Wegen einem Autogramm vielleicht? Kein vernünftiger Mensch würde auf gut Glück Hunderte von Kilometern fahren für ein Autogramm, das er ebenso per Post erbitten konnte.

»Ich wollte ihn einfach mal sehen. In echt. Nicht nur immer die Fotos und die Bilder im Fernsehen.«

»Ach so!« Die Frau versuchte ein Lächeln. »Das verstehe ich.«

Tritsche sah an ihrem skeptischen Blick, dass sie es nicht verstand.

»Deswegen müssen Sie doch nicht zu ihm nach Hause! Den treffen Sie auch so irgendwann. Meine Schwester, die Claudia, hat ihn schon ein paar Mal gesehen«, fügte sie rasch hinzu, wie um ihm Mut zu machen. »Er sieht genauso aus wie auf den Fotos. Die Haare und so.«

Tritsche ließ sein Messer sinken. »Sie hat ihn gesehen? Einfach so?«

»Klar. Immer mal wieder. Beim Einkaufen in der Stadt zum Beispiel. Oder auf der Kajo.«

»Kajo?«, unterbrach sie Tritsche. Er konnte kaum glauben, was er gerade hörte.

»Die Kaiser-Joseph-Straße mitten in der Stadt. Jeder Freiburger nennt sie so.« Sie fuhr fort: »Manchmal geht er essen zum Italiener. Ganz normal, wie alle anderen auch. Sie sagt, er hätte sogar ein Stammcafé.«

»Ein Stammcafé?« Tritsche glaubte nicht richtig zu hören. »Und wo ist das?«

»Das weiß ich nicht. Irgendwo am Bahnhof.«

»Könnten Sie Ihre Schwester fragen? Es wäre wichtig für mich. Sehr wichtig.«

»Das geht schlecht. Claudia ist gerade auf Kur im Allgäu. Bandscheiben. Da braucht sie ihre Ruhe, Sie verstehen?« Sie stand auf. »Ich bringe Ihnen noch einen frischen Kaffee.«

Tritsches Gedanken flogen. Keiner wusste, wo der Bundestrainer wohnte. Und doch konnte man ihn treffen. Zufällig. Irgendwo.

Er trank mit großen Zügen seinen Orangensaft leer. Ob er noch einmal durch die Stadt streifen sollte? Das Café suchen? Bei seinem Pech konnte das Tage, Wochen und länger dauern. Dazu fiel ihm ein, dass eine Serie von Qualifikationsspielen für die Nationalmannschaft bevorstand. Das bedeutete Vorbereitungen, Reisen, Gespräche, Trainingslager, Interviews. Da würde der Hauptverantwortliche wohl kaum in Freiburg in der City umherschlendern oder in einem Café abhängen.

Die Pensionswirtin kam zurück und schenkte ihm eine frische Tasse Kaffee nach. »Warum machen Sie es sich denn so schwer?«, sagte sie. »Wenn es Ihnen reicht, ihn einmal von Weitem zu sehen, gehen Sie doch einfach ins Stadion. Da ist er oft.«

»Ins Stadion?«

»Klar. Drüben, beim SC. Wissen Sie«, setzte sie verschwörerisch hinzu, »Claudia meint, der Jogi sei eigentlich SC-Fan. Er dürfe das nur nicht so zeigen. Wegen der Neutralität und so.«

Nach dem Frühstück war für Tritsche klar, was er tun würde. Noch am selben Nachmittag fuhr er mit dem Zug zurück nach Hause. Seine Stimmung hatte sich deutlich gebessert. Obwohl er überhaupt nichts erreicht hatte, brachte er die Lösung mit. Und diese Lösung war nicht nur überraschend einfach. Sie würde ihm eine Bühne bieten, wie es besser nicht sein konnte. Es würde vor Tausenden Zuschauern passieren, vor laufenden Fernsehkameras. Innerhalb kürzester Zeit würden die Bilder um die ganze Welt gehen.

Zehn Minuten vor Spielende geschah etwas Unerwartetes. Seit ihrem zweiten Tor hatten die Bayern den Ball ruhig in ihren Reihen gehalten. Sie schoben die Kugel hin und her, während die Freiburger aussichtslos hinterherrannten. Die Saison war gelaufen, es genügte, das Ergebnis zu verwalten und bereits jetzt Kräfte für die anschließenden Siegesbanketts zu sparen.

Mit dem jugendlichen Ungestüm des eingewechselten Freiburger Stürmers hatten sie nicht gerechnet. Schon bei seinem zweiten Versuch hatte er den Ball erkämpft. Umringt von vier Abwehrspielern, tankte er sich durch bis in den Strafraum. Ein schneller Blick.

Keiner seiner Mitspieler war ihm gefolgt. Mit letzter Kraft holte er aus und zog ab.

Ob der Verzweiflungsschuss tatsächlich von der Hand eines Verteidigers abgelenkt wurde, würden die meisten der 25.000 erst am Abend in der Sportschau-Zeitlupe erkennen. Der Schiedsrichter sah es, pfiff und deutete auf den Elfmeterpunkt.

Im selben Moment wusste Tritsche, dass dies die perfekte Gelegenheit war. Keiner achtete darauf, dass Tritsche aufstand und seinen Platz verließ. Der Kapitän des SC verwandelte den Elfmeter zum 1:2. Das Stadion war wieder aufgewacht. Die Fans tobten. Der Trainer rannte wild gestikulierend am Spielfeldrand entlang. Mit dem Wiederanpfiff stürmten die Freiburger Spieler los, als hätten sie vom Zaubertrank des gallischen Druiden getrunken. Noch ein Tor, und der nötige Punkt würde die Mannschaft vor dem Abstieg retten.

Von hinten her näherte sich Tritsche langsam der VIP-Loge. Auch hier beachtete ihn niemand. Keiner verwehrte ihm den Weg.

Noch sechs Minuten.

Noch am Abend seiner Rückkehr begann Tritsche seinen neuen Plan in die Tat umzusetzen. Die Websuchmaschine lieferte jede Menge Fotos von der Haupttribüne des Freiburger Stadions. Und immer wieder war er zu sehen – von der Seite, von hinten, von oben. Es sah aus, als habe er einen Stammplatz, nicht weit von einem der rückwärtigen Zugänge

entfernt. Wenn es Tritsche gelingen würde, dorthin zu gelangen, war er nur noch wenige Meter entfernt. Das musste reichen.

Aufmerksam studierte er den Terminkalender der Bundesliga bis zum Ende der Saison. Das letzte Spiel stach ihm sofort ins Auge. Tritsche konnte sein Glück kaum fassen. Die Bayern würden kommen! Es würde das Spiel des Jahres werden. Die Münchner würden wie seit Jahren um die Meisterschaft kämpfen und der Sportclub ebenso traditionsgemäß um den Klassenverbleib bangen. Selbst wenn alle Entscheidungen bereits gefallen waren, würde es ein Festtag werden, wie immer, wenn die Bayern kamen. Das Fernsehen würde live übertragen, die gesamte deutsche Presse würde anwesend sein, Promis aus Kultur, Politik und vom Deutschen Fußball-Bund würden sich das nicht entgehen lassen. Tritsche zweifelte keinen Moment daran, dass der Bundestrainer an diesem Nachmittag auf seinem Stammplatz sitzen würde.

Tritsches Ernüchterung folgte am nächsten Morgen. Das Spiel sei ausverkauft, hieß es bei einem Anruf beim Ticketservice des Sportclubs. Sämtliche Dauerkartenbesitzer hätten ihre Optionen wahrgenommen. Für die wenigen Karten im freien Verkauf, der im Übrigen erst zwei Wochen vor dem Spiel beginne, gäbe es lange Wartelisten. Er solle sich keine Hoffnungen machen. Dieselbe Antwort kam aus München. Sämtliche Karten für Auswärtsspiele seien für die gesamte restliche Saison bereits vergeben. Schließlich habe der FCB Anhänger in der gesamten Republik. Aber wenn er sich auf die Warteliste eintragen wolle …

Wieder nahm Tritsche sich den Spielplan vor. In den Wochen zuvor konnte JL überall sein, auf Schalke, in Frankfurt oder in Bremen. Nicht nur wegen der Neutralität. Schließlich gehörte es zu seinem Beruf, seine Nationalspieler im Einsatz zu beobachten. Und Spieler des SC gehörten da wohl eher nicht dazu.

Alles deutete auf diesen Tag, auf dieses Spiel hin. Es war seine einzige Chance. Er musste sie nutzen. Und er musste Erfolg haben. Doch was sollte er tun? Er konnte auf gut Glück hinfahren und versuchen, von einem der Schwarzhändler eine Karte zu bekommen. Oder sollte er versuchen, bei eBay den Zuschlag bei einer Versteigerung zu bekommen? Sich Tage zuvor im Stadion einschließen lassen? All das würde ihn nervlich zu sehr beanspruchen. Außerdem war das Ganze extrem unsicher.

Tritsche versuchte, sich nicht von seiner Verzweiflung überwältigen zu lassen. Tagelang zermarterte er sich den Kopf. Er griff wieder zur Flasche, zum ersten Mal, seit er den Plan zur Krönung seines Lebens gefasst hatte.

Am Ende war es wieder einfach. Bei einem seiner seltenen Gänge in die Stadt fiel ihm ein Plakat im Schaufenster eines Reisebüros auf. Das Unterneh-

men bot Rundum-Genießerpakete für Großveranstaltungen an. Die Rolling Stones in Zürich, eine van Gogh-Ausstellung in Amsterdam, das neuste Musical in London. Und Fußball. In Barcelona, Mailand, Paris.

Freiburg. Drei Tage, mit Hotelübernachtung, Kulturprogramm vor Ort, Transfer ins Stadion. Dazu eine Tribünenkarte der besten Kategorie.

Tritsche lehnte an einem der Stützpfeiler hinter der VIP-Loge. Schräg vor ihm entdeckte er den vertrauten dunklen Haarschopf, das maßgeschneiderte weiße Hemd. Ein heißes Glücksgefühl durchströmte ihn. Die Nachspielzeit der letzten Minuten der Saison würden in die Geschichte eingehen. In die Geschichte Freiburgs, in die Geschichte des Fußballs. In die Geschichte der Großen. In wenigen Augenblicken würde sein Leben endlich den Sinn bekommen, den er vergeblich gesucht hatte. Mit einem Mal war alles ganz einfach geworden. Alles fügte sich zusammen.

Der Mann am Stützpfeiler sah auf die Uhr. Der Schiedsrichter musste jeden Moment abpfeifen. Tritsche griff in die Tasche, zog die Pistole heraus und legte den Sicherungshebel herum. Dann trat er hinaus in den Gang.

»Schön, dass du wieder da bist!« Claudia prostete ihrer Schwester zu. Die beiden saßen auf der Terrasse vor der Hotelpension in der Kartäuserstraße und genossen die Abendkühle. Zur Feier des Tages hatten sie eine Flasche vom guten Roten aufgemacht.

»Es tut gut, wieder zu Hause zu sein!« Genießerisch nahm Claudia einen Schluck und lehnte sich zurück. »Die Kur ist das eine, daheim ist das andere. Gab es etwas Besonderes?«

»Wie immer eigentlich. Dass es der SC gerade noch geschafft hat, hast du sicherlich mitbekommen.«

»Klar. Wir sind alle vorm Fernseher gesessen. Ich als einzige Freiburgerin unter lauter Bayernfans. Da war etwas los, sag ich dir! Schießen die in der letzten Minute den Ausgleich! Ich kriege immer noch Gänsehaut, wenn ich daran denke.«

»Und hier erst. Die halbe Nacht sind die Leute hupend durch die Straßen gefahren. Wie nach dem Public Viewing bei der Weltmeisterschaft. Nur einer hatte Pech. Der hatte sich in der Begeisterung wohl zu weit vorgewagt und irgendwie einen Stoß bekommen. Die ganze Tribünentreppe ist er runtergestürzt. Seither liegt er im Koma in der Uniklinik. Man weiß nicht, ob er es schafft. Tragisch irgendwie. Und stell dir vor, der hat vor ein paar Wochen bei mir in der Pension gewohnt.«

»Echt?«

»Ja. Ein komischer Kauz war das. Er wollte unbedingt den Jogi sehen.«

Claudia schüttelte den Kopf und hob das Glas.

»Sachen gibt's …«

FREIZEITTIPPS (OSTEN, INNENSTADT):

Kartause

Bezeichnung für das ehemalige Kartäuserkloster (zirka 1345–1782) am Fuße des Schlossbergs. Später wurde es Adelslandsitz und Altersheim. Nach Umbau und Modernisierung heutige Nutzung durch eine internationale Schule (einziges United World College in Deutschland).

Schloss Ebnet

Barockes Herrenhaus, um 1750 erbaut, heute in Privatbesitz. Die Schlossanlage gehört zum Typ »Hôtel entre Cour et Jardin« – Palais zwischen Hof und Garten. In den Räumen und im Außenbereich finden regelmäßige Veranstaltungen statt (zum Beispiel der Ebneter Kultursommer).

Jugendherberge

Im Osten der Stadt in der Kartäuserstraße. Ruhige Lage am Waldrand am Fuß des Roßkopfs. 102 Zimmer, 350 Betten. Idealer Ausgangspunkt für Stadtbesichtigungen bzw. Wander- und Radtouren ins Dreisamtal. Während der Saison ist eine Voranmeldung sehr empfehlenswert.

Planetenweg und Dreisamuferweg

Wanderweg entlang des südlichen Ufers der Dreisam. Maßstabsgetreue Darstellung der Planeten des Sonnensystems und ihrer Abstände. Der von Hinweistafeln ergänzte Weg beginnt hinter dem Strandbad an der Ebneter Dreisambrücke und endet an der Fabrikstraße nahe der Brauerei Ganter.

Der Dreisamuferweg ist ein gut ausgebauter Rad- und Spazierweg entlang der Dreisam durch das Stadtgebiet. Teil des Dreisamtal-Radwanderwegs Richtung Schwarzwald bis Kirchzarten.

SC-Stadion (alt)

Die ursprüngliche Bezeichnung »Dreisamstadion« wird traditionsgemäß noch heute von den meisten Freiburgern verwendet, auch wenn es in den letzten Jahren verschiedene Sponsorennamen trug. Der derzeitige Name lautet »Schwarzwaldstadion«. Seit 1954 Heimat des Fußballvereins SC Freiburg. Fassungsvermögen durch Aus- und Umbau auf inzwischen 24.000 Besucher erweitert. Besonderheit: Da das Spielfeld um 4,50 Meter zu kurz ist, muss für Spiele der Bundeliga beziehungsweise für internationale Spiele eine Sondergenehmigung eingeholt werden. Für 2019 ist der Bezug eines komplett neu erbauten Stadions im Freiburger Westen geplant.

Strandbad

1934 eingerichtet. Im Osten zwischen SC-Stadion und dem Ortsteil Ebnet an der Dreisam gelegen. Größtes beheiztes Freibad der Stadt. 50-Meter-Becken.

St. Ottilien

Wallfahrtsort im Stadtwald zu Ehren der Heiligen Odilia, Schutzpatronin des Elsass und des Augenlichts. Kapelle mit einbezogener Quellgrotte. Waldweg mit acht Kreuzwegstationen vom ehemaligen Kartäuserkloster aus. Waldrestaurant mit Einkehrmöglichkeit.

Hirzbergstollen

Teil der ehemaligen Bunkeranlage unter dem Schlossberg. Heute genutzt zur Pilzzucht (beispielsweise Champignons, Pfifferlinge, Trüffel). Verkauf unter anderem auf dem Münstermarkt.

Rathausplatz mit Schwarzdenkmal

Beliebter Platz im Herzen der Altstadt, begrenzt von Neuem und Altem Rathaus, Martinskirche und dem Kreuzgang des ehemaligen Franziskanerklosters. Mittelpunkt bildet ein Brunnen mit dem Denkmal von Bertold Schwarz. Der Freiburger Franziskanermönch und Alchemist soll nach der Legende Mitte des 14. Jahrhunderts per Zufall das Schwarzpulver erfunden haben.

Altes Rathaus

Seit dem 16. Jahrhundert Sitz der Stadtverwaltung. Ursprünglich reich geschmückt und bemalt. Während des Krieges 1944 völlig ausgebrannt. An der rot bemalten Fassade halten über dem wiedererrichteten Hauptportal zwei Löwen das Freiburger Stadtwappen und den rot-weiß-roten Bindenschild von Österreich. Das Alte Rathaus ist heute Sitz der Stadtverwaltung und der Tourist Information.

Neues Rathaus

In seiner heutigen Form 1896 bis 1901 entstanden durch Umbau eines Renaissancegebäudes. Zuvor Teil der Universität. Die Terrasse über den Eingangsarkaden wird gerne zu offiziellen Anlässen genutzt, zum Beispiel beim Besuch des Dalai Lama (2007) und bei der Ehrung des WM-Trainers Joachim Löw (2014). Das Glockenspiel mit mechanischen Figuren darüber ist jeden Tag zur Mittagszeit zu hören. Vor dem Eingang auf dem Boden Steinmosaiken der Freiburger Partnerstädte.

Martinskirche

Katholische Pfarrkirche am Rathausplatz. Erste Bauten von Franziskanermönchen gehen auf das 13. Jahrhundert zurück. Seither durch Kriegsschäden und Umbauten immer wieder verändert. Sehenswerter Kreuzgang und Marienkapelle.

3. KEIN TATORT IN FREIBURG

Oder: Wie die Witwe Gunhild Schäfer den Freiburger Tatort sabotierte und dadurch Ereignisse in Gang setzte, die sie so nicht vorhersehen konnte.

»Meine Damen und Herren, bitte nehmen Sie Platz!«

Die Damen und Herren des SWR-Programmrats, die sich zur Begrüßung erhoben hatten, setzten sich wieder. Der schlichte langgestreckte Konferenztisch im vierten Stock des Sendegebäudes war bis auf ein paar Mineralwasser- und Fruchtsaftflaschen leer.

»Ich danke Ihnen, dass Sie gekommen sind.« Dr. Fischer-Wohltat, Intendant und Gastgeber, hielt sich nicht mit Vorreden auf. »Es ist in unser aller Interesse und natürlich im Interesse des Senders in der aktuellen Frage eine rasche Entscheidung zu treffen.«

Die Augen der Anwesenden richteten sich gespannt auf den Sprecher. Jeder wusste, worum es ging. Seit der Bodensee-Tatort mit Konstanz aufgegeben worden war, wartete ganz Baden-Württemberg auf die Bekanntgabe des künftigen Drehortes. Es galt, den offenen Programmplatz neu zu besetzen.

»Ich habe Herrn Burgstaller in seiner Eigenschaft als

Leiter der Unterhaltungsredaktion gebeten, zunächst den Stand der Dinge kurz zu skizzieren. Herr Burgstaller, bitte!«

Die Betonung des Wortes »kurz« deutete darauf hin, dass er nicht gewillt war, der Vorgeschichte großen zeitlichen Rahmen einzuräumen. Doch um die Wahrung des vorgeschriebenen Ablaufs kam selbst er nicht herum. Der überaus lästige Proporz, der vor allem bei gewichtigen Entscheidungen die einflussreichsten Richtungen im Land wohlausgewogen berücksichtigen musste, wollte zumindest pro forma eingehalten werden.

»Danke, ich versuche, mich kurz zu fassen. Obwohl es, wie Sie wissen, zur Frage des künftigen Standortes des Südwest-Tatortes keine offizielle Ausschreibung gab, sind bis heute nicht weniger als 13 Bewerbungen eingegangen. Wenn wir uns auf den badischen Teil beschränken, bleiben immer noch acht übrig.«

Dr. Fischer-Wohltat seufzte. Wenigstens der leidige Dauerstreit zwischen Badenern und Schwaben blieb ihm heute erspart.

»Der Regionalraum Mannheim-Heidelberg ist durch die Nähe zu Ludwigshafen mit Odenthal und Kopper kaum zu vermitteln. Ebenso wenig Oberschwaben durch die räumliche Nähe zu Konstanz, dem Standort der letzten Jahre. Obwohl es dort eine rührige, sehr sympathische Initiative gibt, die …«

»Herr Burgstaller, bitte!«

Der Angesprochene blickte kurz auf und fuhr dann fort: »Die Entscheidung zwischen den verbliebenen ernsthaften Kandidaten wird nicht einfach sein. Ich möchte an erster Stelle natürlich Karlsruhe nennen, daneben Pforzheim, Baden-Baden und Offenburg. Allesamt aufstrebende Metropolen. In Freiburg wird derzeit eine Pilotfolge gedreht, die bei den Zuschauern bereits jetzt große Erwartungen weckt. Es gibt darüber hinaus Bürgermeisterinitiativen aus dem Nordschwarzwald, aus dem Kinzigtal und dem Gebiet Feldberg-Hochschwarzwald. Ich möchte betonen, dass sämtliche Kandidaten über eine ausgezeichnete strukturelle Grundlage sowohl im technisch-logistischen Bereich wie auch in der Akzeptanz durch die örtliche Bevölkerung …«

»Es ist gut, Herr Burgstaller. Wir danken Ihnen für die gewissenhafte Darstellung.« Burgstaller murmelte ein gepresstes »Danke sehr« und schob sichtlich pikiert seine Papiere zu einem kleinen Stapel zusammen.

Dr. Fischer-Wohltat richtete sich in seinem Ledersessel auf und sah in die Runde. Nach einer wohldosierten Pause begann er: »Sicher ist Ihnen nicht entgangen, was in den letzten Tagen in Freiburg geschehen ist. Daraus hat sich eine völlig neue Situation ergeben …«

»Es ist nicht zu fassen. Jetzt muss etwas geschehen!«

Gunhild Schäfer schloss das Fenster und zog die Gardine vor. Hastig schlüpfte sie in ihre Jacke, zog die Schuhe an und stieg die Treppe von ihrer Dreizimmerwohnung im dritten Stock hinunter. Von der schmiedeeisernen Gartentür aus betrachtete sie entrüstet das Geschehen vor dem Haus.

Bereits den dritten Tag nacheinander war die Straße abgesperrt. Wo sonst außer den Anwohnern nur wenige Spaziergänger und Radfahrer entlangkamen, standen jetzt Kleinlaster, Lieferwagen, Übertragungswagen und ein paar Limousinen mit fremden Kennzeichen. Vom Dach eines dunklen Geländewagens blinkte ein Blaulicht. Riesige Stative mit Scheinwerfern waren aufgebaut, die am hellen Tage zusätzlich gleißendes Licht verströmten. Großflächige Planen verdeckten Teile der Häuserfronten. Überall liefen Menschen herum und trugen irgendwelche Sachen zu irgendwelchen anderen Menschen. Kabeltrommeln wurden auf- und abgerollt, quer über den Gehweg lagen dicke Leitungsbündel in verschiedenen Farben.

Gunhild ging ein paar Schritte näher. Vor der Einfahrt ihres Nachbarn war auf dem Boden eine etwa 20 Meter lange Schiene verlegt, auf der ein Wagen mit einer monströsen Kamera entlangfuhr. Ein groß gewachsener junger Mann trug eine weitere Kamera auf der Schulter und bewegte sich langsam in dieselbe Richtung, begleitet von einem Helfer, der im immer gleichen Abstand das zugehörige Kabel hinterhertrug. Direkt hinter der Schiene saß auf einem Klappstuhl eine Frau mit einer Schirmmütze, die aufmerksam die Szene beobachtete. Gleichzeitig sprach sie halblaut mit ihrem Assistenten, der neben ihr stand und auf einem Klemmbrett ein dickes Manuskript durchblätterte.

Die gesamte Aufmerksamkeit der Beteiligten galt einer schlanken Frau mit halblangen Haaren. Sie trug Jeans und eine Lederjacke, darunter ein T-Shirt mit einem Aufdruck, den Gunhild nicht lesen konnte. Die Frau trat aus dem Hauseingang, sah einmal kurz zurück und kratzte sich am Kinn. Dann steckte sie lässig die Hände in die Jackentaschen, wandte sich nach links und ging mit raschen Schritten den Gehweg entlang. Die Kamera auf den Schienen folgte ihr ein paar Sekunden, dann tönte ein lauter Ruf.

»Cut!« Die Frau mit der Schirmmütze sprang aus dem Klappstuhl auf, rief ein paar Worte zu dem Kameramann und winkte die Schauspielerin zu sich heran. »Das war schon gut. Wir machen es trotzdem noch einmal. Ich möchte ein bisschen mehr Neugierde und Nachdenklichkeit. Du kannst das.«

Sie ging zurück zu ihrem Stuhl. »Noch einmal, bitte. Alle zurück auf ihre Plätze.«

Gunhild konnte es kaum ertragen, was sich vor ihren Augen abspielte. Angewidert wandte sie sich ab und stürmte mit raschen Schritten zurück in ihre Wohnung.

Es war nicht zu fassen. Ein derartiger Aufwand für solche Banalitäten! Noch dazu für einen Fernsehkrimi!

Schon seit drei Tagen war an einen geregelten Alltag in dem beschaulichen Freiburger Stadtteil nicht mehr zu denken. Mit ihrem Auto konnte Gunhild nur noch am Morgen die Zufahrt benutzen. Ab zehn Uhr wurde gesperrt, bis in den Nachmittag hinein dauerten die Dreharbeiten. Am Schlimmsten war das heillose Durcheinander. Alles war zugestellt, überall liefen Leute herum, Megaphone machten Krach, Scheinwerfer blendeten, auf dem Gehweg stolperte man über Kabel. Für die kommende Woche war sogar ein Nachtdreh angekündigt!

Natürlich war Gunhild wie alle anderen Anwohner der betroffenen Straßen in der Wiehre lange vorher unterrichtet worden. Sowohl die Stadtverwaltung als auch die Produktionsfirma hatten Briefe geschrieben, sich im Voraus für die Unannehmlichkeiten während der Dreharbeiten entschuldigt und um wohlwollendes Verständnis gebeten.

Gunhild war sofort alarmiert gewesen. In ihren Augen war das Vorhaben völlig daneben. Ausgerechnet Freiburgs schönsten und ruhigsten Stadtteil hatten sie sich aussuchen müssen! Die wunderbaren ehrwürdigen Häuser mit ihren denkmalgeschützten Jugendstilelementen, die alten Bäume am Rand der verkehrsberuhigten Straßen, die kleinen, liebevoll geführten Läden – all das sollte zur Kulisse eines blutrünstigen Krimis gemacht werden!

Und nicht nur das. Gunhild sah mit Schrecken voraus, was danach folgen würde. Es gab erste Meldungen, wonach bereits weitere Folgen in Planung waren. Die Hauptdarstellerin, eine bekannte Berliner Schauspielerin, hatte sich bereits wohlwollend über Freiburg geäußert. Was fiel der überhaupt ein? Was wusste die schon?

Und dann würden Neugierige kommen, viele Neugierige. Die Hunderttausende Touristen, die sich bislang jedes Jahr um das Münster herum drängten, würden eine neue Attraktion wittern. Sie würden hierherkommen, sie würden Fotos machen, sie würden moderne Souvenirgeschäfte und Schnellimbissketten mit sich bringen. Nichts würde sie aufhalten. Wenn der Rummel erst einmal begonnen hatte, würde es vorbei sein mit der Ruhe.

Gunhild stapfte in die Küche und brühte sich einen extra starken Kaffee auf. Es war ihr völlig unverständlich, dass sogar ihre Nachbarn stolz darauf waren. Der erste Freiburg–Tatort! Unser Stadtteil in Deutschlands beliebtester Fernsehsendung! Mindestens zehn Millionen Zuschauer! Imagegewinn!

Beim Einkauf im Edeka um die Ecke in der Zasiusstraße sprach man von nichts anderem mehr. Der Breisgaubäcker kreierte zweimal in der Woche Tatortwecken, stilecht mit eingeschnittenem Fadenkreuz. Zu Gunhilds Entsetzen kündigte ihr Lieblingsrestaurant beim alten Wiehrebahnhof als Attraktion gemeinsames Tatortgucken auf Großleinwand an!

Waren denn alle völlig durchgedreht? Selbst Liselotte Brettschneider, die Alt-Achtundsechzigerin aus der Wohnung am Ende der Straße, die bei jeder Gelegenheit den Demonstrationen gegen das Establishment nachtrauerte und heute noch mit ihrem peinlichen Palästinensertuch um den Hals herumlief, hatte sich um einen Komparsenjob beworben. Die Rote Lilo als Alibipassantin für Freiburgs linksalternatives Fußvolk!

Gunhild fluchte, als sie sich die Zunge an dem heißen Kaffee verbrannte. Die anderen waren blind. Sie würde es zu verhindern wissen. Sie musste. Und wenn sie die Einzige war. Später würden sie es ihr danken!

Wehret den Anfängen!

Macht kaputt, was euch kaputt macht!

Vor Verärgerung riss Gunhild eine Tafel Schokolade auf und stopfte in rascher Folge die süßen Stücke in sich hinein. Eigentlich war sie ein friedfertiger Mensch. Doch jetzt war die Grenze des Zumutbaren erreicht. Nein, keine Handzettel verteilen. Keine Unterschriftenaktion wie damals, als das Viertel geschlossen und solidarisch das Fällen der Goetheeiche an der Urachstraße verhindert hatte. Dazu war es zu spät. Jetzt half nur noch entschlossenes Handeln.

Gunhild schüttete den Rest Kaffee in die Spüle, zog erneut ihre Jacke über und verließ ihre Wohnung. Nach ein paar Schritten hatte sie die Straßenbahnhaltestelle an der Johanniskirche erreicht. Von dort aus fuhr sie über die Dreisam in die Innenstadt. Nach einer guten Stunde Suche in den Kaufhäusern hatte sie, was sie brauchte.

Noch am selben Nachmittag begann sie mit den Vorbereitungen. Der Reihe nach zog sie die Einkäufe aus den prall gefüllten Taschen und breitete sie auf dem überdimensionierten Küchentisch aus.

Gunhild lächelte grimmig. Eine erfolgreiche Fernsehproduktion war darauf angewiesen, dass es möglichst wenig Unterbrechungen und Störungen gab. Sehr schön. Sie würde ein wenig Sand in das Getriebe des reibungslosen Ablaufs streuen!

Vor ihrem inneren Auge sah sie bereits ungeahnte Einsatzmöglichkeiten. Die beiden japanischen Messer aus dem Spezialgeschäft in der Rathausgasse waren bestens geeignet, Löcher in Autoreifen zu schlitzen, Leitungen anzuritzen und Kabelbinder zu durchtrennen. Mit dem Bolzenschneider würde sie nach Aussage des Verkäufers bis zu fingerdickes Metall durchtrennen können.

In einer Polizeireportage hatte sie die Wirkung von Krähenfüßen kennengelernt. Doch nirgends hatte sie die Fußangeln mit den vier spitzen Stiften bekommen. Der Verkäufer in dem Waffengeschäft bot ihr zwar an, aus dem Ausland welche zu bestellen. Doch drei bis vier Wochen dauerten ihr zu lange. Bis sie kamen, würden die Dreharbeiten längst beendet sein.

Aber es musste gar nicht so exotisch sein. Es gab Hausmittel, die einfach, aber wirkungsvoll waren. Die gute alte Schmierseife, an den richtigen Stellen angebracht, würde für ungeahnte Überraschungen sorgen, ebenso wie die starken Abführmittel, die sie in drei verschiedenen Apotheken zusammengekauft hatte.

Milch und Käse hatten einen noch durchschlagenderen Effekt. Gunhild erinnerte sich mit Grausen, als ihr vor Jahren bei ihrem alten Auto ein Beutel Milch auf dem Rücksitz ausgelaufen war. Ihre Geruchsnerven hatten wochenlang rebelliert. Das Lavendelöl, von dem sie eine ganze Flasche versprühte, hatte alles nur noch schlimmer gemacht. Der Gestank war nicht mehr herauszubekommen. Am Ende hatte sie den Wagen weggeben müssen.

Auf ihre letzten beiden Einkäufe war Gunhild besonders stolz. Der schmale, glitzernde Laserpointer sah einer edlen Stabtaschenlampe zum Verwechseln ähnlich. Sie drückte den Einschaltknopf und betrachtete den winzigen roten Punkt, der über das Zifferblatt ihrer Küchenuhr zitterte. Mehrere Hundert Meter Reichweite versprach die Gebrauchsanleitung! Das würde genügen, von ihrem Wohnzimmerfenster aus bei dem Filmteam für Verwirrung zu sorgen.

Auf das Glanzstück ihrer Pläne hatte sie schweren Herzens verzichtet. Lange hatte sie die neuartigen Drohnen für Privatnutzer in dem großen Elektrofachmarkt in der Innenstadt bewundert und sich vorgestellt, was damit alles möglich wäre! Lautsprecherattacken! Lichtblitze! Abwurf von faulem Obst! Stinkbomben! Wasserbomben! Gunhild war vor Begeisterung vor der Glasvitrine auf- und abgehüpft – bis sie den Preis inklusive Fernsteuerung gesehen hatte. Für ihren Witwen-Geldbeutel unerschwinglich. Als notdürftigen Ersatz hatte sie einen Kinderhubschrauber mitgenommen, der nur ein Zehntel gekostet hatte, und der jetzt originalverpackt neben den anderen Einkäufen vor ihr auf dem Tisch lag. Besser als gar nichts, ihr würde schon etwas Brauchbares dazu einfallen.

Am Ende der Woche war Gunhild mit ihren Nerven am Ende. Am liebsten hätte sie sich in ihrer Wohnung verkrochen. Doch Samstag war der Tag, auf den sie sich stets besonders freute. Wochenmarkt am Alten Wiehrebahnhof! Sie wischte die Enttäuschungen der letzten Tage zur Seite, hängte ihren geflochtenen Einkaufskorb unter den Arm und trat hinaus auf die Straße. Mit einem Seufzer nahm sie zur Kenntnis, dass die Fernsehleute wie angekündigt eine Wochenendpause einlegten. Wenigstens das! Die Kameraschienen waren abgebaut, die Straße war wieder frei. Fast alle Autos, bis auf einen geschlossenen Kastenwagen mit Stuttgarter Nummer, waren verschwunden. Alle Abdeckplanen waren eingerollt. Nur Weniges deutete darauf hin, dass hier tagelang Aufnahmen stattgefunden hatten. Die stabilen Metallbügel, die normalerweise das Parken am Straßenrand einschränkten, waren ebenso immer noch abgebaut wie die beiden Parkuhren links und rechts davon. Am Haus der Nachbarn prangte neben dem schmiedeeisernen Gartentor ein weißes Metallschild, das aus der gewohnten Adresse die für das Drehbuch notwendige Kanzlei »Rechtsanwälte Geiger, Strohschneider und Geiger« machte.

Gunhild lief den Gehweg entlang in Richtung Urachstraße. Das herrliche Herbstwetter munterte sie ein wenig auf. Wenn es doch nur so bleiben würde! Sie stieß einen Seufzer aus. Das war ihr Viertel, so wie sie es kannte. Die großen alten Bäume entlang der Straße trugen ihre Laubkronen in aller Pracht. Erste rote und orangene Blätter spiegelten die Strahlen der Morgensonne. In den üppigen Hecken hinter der Mauer zum Alten Friedhof balgten sich die Spatzen.

Beim Anblick der Auslagen in den Marktständen rund um den Alten Wiehrebahnhof vergaß sie für eine kleine Weile ihre Sorgen. Das Angebot war üppig, der Breisgauer Herbst schüttete sein Füllhorn überreichlich aus. Kartoffeln, Kürbisse, Gurken, Gelbe Rüben, Brokkoli, Lauch, Fenchel, Sellerie, Zucchini, Salat in allen Varianten. Die Obsternte lieferte Äpfel in allen Farben, Birnen, Zwetschgen und Kiwis, vereinzelt wurde bereits in Kanistern zum Abfüllen Neuer Süßer angeboten, ein Vorgeschmack auf einen vielversprechenden Weinjahrgang.

Doch es half alles nichts. Gunhild erledigte ihre Einkäufe heute mit wenig Begeisterung. Immer wieder schweiften ihre Gedanken ab. Selbst auf das gewohnte Schwätzchen hatte sie keine Lust. Schon nach einer halben Stunde suchte sie sich einen Platz auf einem der Stühle hinter dem Café auf der Rückseite des alten Bahnhofsgebäudes. Der Markt füllte sich jetzt zusehends mit Spätaufstehern. Die Boulespieler, die unter der Woche hier ihre Kugeln rollten und warfen, verteidigten zäh ihren angestammten Platz.

Schon bald würde es mit der Idylle vorbei sein, dessen war sich Gunhild sicher. Und die Menschen rannten sehenden Auges in ihr Unglück!

Vorsichtig nahm sie einen Schluck von dem heißen Cappuccino und biss in das Croissant, das sie am Bäckerwagen gekauft hatte. Sie hatte es versucht. Sie war gescheitert. Und sie stand völlig allein!

Statt zu dem erhofften Erfolg, waren die letzten Tage zu einem einzigen Desaster geworden. Es war, als ob sich alles gegen sie verschworen hatte. Alles, was schieflaufen konnte, war schiefgelaufen. Murphys Gesetz hatte unerbittlich zugeschlagen.

Es war fast unmöglich gewesen, überhaupt nahe genug heranzukommen, um den Drehbetrieb stören zu können und gleichzeitig nicht aufzufallen. Nach Drehschluss war das allermeiste aufgeräumt und weggeschlossen worden. Mit dem Bolzenschneider die offen herumliegenden Kabel zu durchtrennen, war daher ebenso ausgefallen wie die Sabotage an den Autoreifen, zumal sie nicht die Kraft dazu hatte, mit dem Messer tief genug zu stechen. Ihren Schmierseifenanschlag hatte sie auf die Nacht gelegt. Doch dann hatte es gegen Morgen heftig geregnet. Das meiste war abgewaschen worden, der Rest nicht effektiv genug.

Nicht einmal ihr Abführmittel, auf das sie die größte Hoffnung gesetzt hatte, hatte sie zum Einsatz bringen können. Die Schauspieler und gesamte Crew wurden von einem Catering-Service einer Firma aus Lörrach bedient. Alles war bestens organisiert. Die Suppentöpfe und Warmhaltebehälter, auf die sie gehofft hatte, standen allesamt in der Wohnung, wo sie nicht hineindurfte. Es gab keine herumstehenden Trinkflaschen oder Thermoskannen, keine belegten Brote und keinen Grill.

Auch ihre Geruchsattacke war völlig missglückt. Am Donnerstagabend hatte Gunhild bei einem der über Nacht geparkten Lieferwagen ein offenes Seitenfenster entdeckt. Tatsächlich hatte sie am nächsten Tag von ihrem Fenster aus beobachtet, wie der Fahrer des Wagens, angewidert von der Duftwolke der Großpackung Limburger, aus der Kabine sprang. Erst dann hatte sie zu ihrem Schrecken festgestellt, dass sie den Kleinbus der Elektrofirma Rösch erwischt hatte, deren Werkstatt sich um die Ecke befand.

Gunhilds größte Enttäuschung war der kleine Hubschrauber. Die Fernsteuerung war so empfindlich eingestellt, dass sie schon beim ersten Probeflug von ihrem Wohnzimmerfenster aus das Spielzeug zu stark in die Kurve gelenkt hatte. Der kleine Helikopter flog ungebremst in die Krone der Kastanie neben ihrem Haus und hing seither deutlich sichtbar mit gebrochenem Rotorblatt unerreichbar im Geäst.

Einzig der Laserpointer hatte Wirkung gezeigt, und zwar schnell. Gunhild hatte den Strahl auf die Kamera gelenkt, die Aufnahmen waren sofort unterbrochen worden. Doch schon als Gunhild gleich darauf die zweite Kamera blendete, wurde sie entdeckt. Köpfe drehten sich in ihre Richtung, Finger zeigten auf die Fassade ihres Hauses. Eine Viertelstunde später stand die Polizei in der Tür. Nur mit größter Freundlichkeit und gespielter Ahnungslosigkeit war es Gunhild gelungen, den Verdacht von sich fernzuhalten und andeutungsweise auf den Zwölfjährigen aus dem Nachbarhaus zu lenken. Den Laserpointer hatte sie zuvor gedankenschnell hinunter auf die Straße geworfen.

Grimmig trank Gunhild den Rest ihres Cappuccinos aus. Mehr als eine kurzfristige Unterbrechung war ihr trotz des enormen Aufwands nicht gelungen. Schlimmer noch. Nach einer knappen Pressemeldung über den Vorfall am nächsten Tag in der Zeitung, gab es eine Fülle von Sympathiekundgebungen für das Drehteam. Es wurde nicht nur Abscheu über diese feige, hinterhältige Tat bekundet. Schon am Nachmittag darauf stieg die Menge der Zaungäste und Kiebitze um den Drehort sprunghaft an. Blumen und kleine Geschenke wurden abgegeben und unzählige Fotos geknipst. Eine Gruppe Hausfrauen erbot sich, während der Drehzeiten eine Art freiwillige Wachstreife zu laufen, um jegliche Störungen schon im Ansatz zu unterbinden. Es gab einen derartigen Trubel, dass Gunhilds Bemühungen auf diesem Weg fast doch noch von Erfolg gekrönt waren. Doch die Besucher verhielten sich außerordentlich diszipliniert und gehorchten jeder Anweisung der TV-Mitarbeiter aufs Wort.

Am Sonntag wurde Gunhild krank. Es war ihr nur ein schwacher Trost, dass die Fernsehaufnahmen wie geplant für eine Woche unterbrochen wurden. Es hieß, dass in dieser Zeit Außenaufnahmen am Titisee und im Höllental gemacht wurden. Gunhild sandte ihnen alle denkbaren Verwünschungen hinterher und schluckte Tabletten gegen das Fieber. Erst nach zwei Tagen konnte sie wieder einigermaßen vernünftig denken. Was sollte sie jetzt tun? Vielleicht doch eine echte Drohne kaufen? Die kostete allerdings so viel wie ein Gebrauchtwagen und würde ein schmerzhaftes Loch in ihr Sparkonto reißen. Sie konnte versuchen, sich als Komparse anwerben zu lassen. Die Rote Lilo hatte begeistert erzählt, wie nah sie den Schauspielern und den Mitarbeitern gekommen war. Da ließe sich doch viel eher etwas unternehmen. Aber das war nur eine vage Hoffnung. Die Planung sah vor, dass es in der kommenden Woche nur noch drei Arbeitstage geben und der Rest im Karlsruher Studio abgedreht werden würde.

Wirre Träume begleiteten sie in der kommenden Nacht. Ganze Scharen knipsfreudiger Touristen verfolgten sie durch ihr Wohnzimmer, begleitet von Fernseh- und Radiojournalisten. Souvenirjäger griffen nach allem, was in ihrer Wohnung nicht niet- und nagelfest war. Am Morgen erwachte Gunhild schweißgebadet in ihrem völlig zerwühlten Bett.

Mitte der Woche ging es ihr soweit besser, dass sie zum Einkaufen aufstehen konnte. Bei Edeka war die Laserpointerattacke immer noch Gesprächsthema. Da war von missgünstigen Konkurrenzsendern die Rede, von ehemaligen Mitarbeitern, die sich für ihre Entlassung rächen wollten, sogar von Terroristen, die einen feigen Anschlag auf die Freiheit der Kunst im Land verüben wollten.

Gunhild ging nicht auf die Gespräche ein. Sie entschuldigte sich mit ihrer Grippe, packte rasch Brot, Milch und Wurst ein und gönnte sich an der Kuchentheke ein extragroßes Stück Schokosahnetorte zum Gesundwerden. Bis spät in die Nacht hinein zermarterte sie sich den Kopf, doch die Ideen waren verschwommen und blieben kraftlos wie sie selbst.

Erst gegen Ende der Woche hatte Gunhilds Kopfweh aufgehört und das Fieber einigermaßen nachgelassen. Als sie Post und die Zeitung aus dem Briefkasten nahm, atmete sie tief die frische Herbstluft ein. Sie spürte, dass heute ein besonderer Tag werden würde. Bestimmt würde sie heute der Lösung ihres Problems deutlich näherkommen.

Und dann sah sie es.

Gunhild traute ihren Augen nicht, als sie den Artikel im Freiburger Lokalteil sah. Kopfschüttelnd las sie ihn ein zweites Mal, dann spürte sie, wie ihre düstere Stimmung der letzten Wochen mit einem Mal von ihr abfiel.

Die Krimileute hatten ein katastrophales Eigentor geschossen!

Die Tatort-Hauptdarstellerin war in einem Interview nach ihren Eindrücken und insbesondere über ihre Meinung zu Freiburg gefragt worden. Nach den üblichen professionellen Freundlichkeitsbekundungen hatte sie die Stadt und insbesondere den Drehort in der Wiehre als Kinderbuchkulisse bezeichnet und sie sogar mit Astrid Lindgrens Bullerbü verglichen.

Gunhilds Augen leuchteten. Über ihr Gesicht zog ein breites Lachen. Das war der Sieg!

Bei allem Hang zur badischen Gemütlichkeit, aber das ging zu weit. Bullerbü! Die Wiehre als kleines schwedisches Landdorf! Das würden sich die Freiburger niemals gefallen lassen. Man würde die Fernsehleute mit Schmähungen überhäufen. Man würde alle Hebel in Bewegung setzen, um die Dreharbeiten sofort abzubrechen. Mit Schimpf und Schande würde man sie hinausekeln. Und man würde dafür sorgen, dass Freiburg nie wieder mit einem Fernsehkrimi in Verbindung gebracht würde.

Gunhilds Herz hüpfte vor Freude. Im Kühlschrank fand sie eine Flasche Prosecco und öffnete sie. Mit dem Glas in der Hand stand sie im Fenster und sah über die Straße und Häuser. Es war geschafft! Endlich! Ihr gemütliches Viertel war gerettet, Freiburg würde die liebenswerte Stadt am Rande des Schwarzwaldes bleiben!

Zum ersten Mal seit Langem unternahm Gunhild einen längeren Spaziergang. Am Gerwigplatz vor dem Bahnhof kaufte sie sich eine Butterbrezel und eine kleine Schachtel Pralinen. Dann unterquerte sie die Gleise der Höllentalbahn zum Sternwald und lief auf der gegenüberliegenden Seite bis zum Wasserschlössle hoch. Sie genoss die herrliche Aussicht über die Stadt, trank vom kühlen Wasser des nahe gelegenen Stephaniebrunnens und schlurfte durch die mit Laub übersäten Waldwege.

Am Ende stand sie am Dreisamufer unter der Fußgängerbrücke, baute Steinmännchen und ließ wie ein übermütiges Schulmädchen flache Kiesel über die Wasseroberfläche hüpfen.

Schon am Abend folgte die brutale Ernüchterung. Die Reaktionen der Freiburger auf das flapsige Interview hatten nicht auf sich warten lassen. Doch sie fielen keineswegs so aus, wie Gunhild erhofft hatte.

Das Gegenteil war der Fall. Die paar wenigen pikierten Stimmen gingen unter im großen Tenor der Zustimmung. Was Gunhild in ihrem Viertel hörte, übertraf ihre schlimmsten Befürchtungen.

Eine Woge der Sympathie goss sich über die Schauspielerin. »Tatort-Star äußert sich positiv über Freiburg!« – »Die Wiehre – ein Ort zum Wohlfühlen!« – so lauteten die Schlagzeilen in der Wochenzeitung. Auf der Straße und in den Geschäften war das Interview Tagesgespräch. Ist sie nicht nett? Ist sie nicht überaus sympathisch?

Schon tauchten erste Gerüchte auf, die rasch die Runde machten. Nachrichtenmagazine hätten sich angekündigt, es würde zusätzliche Fernseh- und Radioreportagen vom Dreh geben. Das Schlimmste: Es sickerte durch, dass die Darstellerin einer Fortsetzung überaus positiv gegenüberstehe. Es sei nicht ausgeschlossen, dass es schon bald weitere Folgen geben würde.

Gunhild war völlig vor den Kopf gestoßen, als sie vom Einkaufen nach Hause wankte. Ihre gute Laune war wie weggewischt. Mit Mühe schleppte sie sich in ihre Wohnung. Ihr Kopf schien zu zerplatzen. Sie warf sich auf das Sofa und starrte zur Decke.

Gunhild Schäfer war am Ende.

In ihrer größten Verzweiflung spürte sie plötzlich, wie sich in ihrem Innersten etwas umstülpte. Es war endgültig genug. Entweder – oder. Eine gewaltige Kraft stieg in ihr auf. Von nun an würde alles anders werden. Ganz anders.

Gunhild sprang auf und warf ihren Rechner an. Rasch tippte sie einige Worte in die Suchmaschine ein. Schon nach kurzer Zeit hatte sie gefunden, was sie brauchte. Sie warf einen Blick auf den Kalender. Die Dreharbeiten würden Anfang übernächster Woche für weitere drei Tage fortgesetzt werden. Das müsste reichen, um alles Nötige zu besorgen. Gunhild nickte zufrieden. Was nun folgen würde, sollte für sie nicht allzu schwierig sein. Nicht umsonst war sie in der Schule in Chemie eine der Besten gewesen.

»›Bombenexplosion in Freiburg!‹ – ›Sprengstoffanschlag in Freiburgs Edelstadtteil!‹ Oder sehen Sie hier: ›Chaos im Villenvorort!‹«

Dr. Fischer-Wohltat hielt das doppelseitig bedruckte Blatt triumphierend in die Höhe. In den Gesichtern der Anwesenden spiegelten sich Verblüffung und Neugier. »Das sind nur einige der Schlagzeilen der letzten Tage. Aus Freiburg und überregional!«

Sein Assistent, der am langen Ende des Tisches neben ihm saß, verteilte rasch ein paar Kopien an die Teilnehmer des Senderats.

Alle warteten auf weitere Erklärungen. Dr. Fischer-Wohltat genoss die Situation. Er ließ die Nachricht für einen Moment wirken, dann gab er seinem Assistenten ein Zeichen. »Ich erlaube mir, Ihnen ein aktuelles Stimmungsbild von der Lage vor Ort zu präsentieren. Lesen Sie vor!«

Sein Mitarbeiter zog eine Tageszeitung aus seiner Aktentasche, schlug sie auf und begann: »Wie bereits gestern mitgeteilt, kam es in der Nacht zum Sonntag im Stadtteil Wiehre zu einer folgenschweren Explosion. Bei dem Unglück wurde die Bewohnerin, eine 49-jährige, alleinstehende Frau lebensgefährlich verletzt. Spezialisten der Universitätsklinik ringen um ihr Leben. Die Wohnung glich einem Trümmerfeld. Auch die benachbarten Zimmer des Hauses wurden teilweise zerstört. Die Detonation im dritten Stock eines Wohnhauses war so stark, dass sie bis in die nahe gelegene Altstadt zu hören war. ›Wir dachten, es sei irgendwo ein Feuerwerk!‹, äußerten sich mehrere Passanten, die zur selben Zeit auf dem Nachhauseweg waren.«

Dr. Fischer-Wohltat hob für einen Moment die Hand, um die Worte wirken zu lassen. Dann bedeutete er seinem Assistenten fortzufahren.

»Über die Ursachen kann derzeit nur spekuliert werden. Nach Aussage der Anwohner war die Bewohnerin eine durchaus sympathische Frau ohne besondere Auffälligkeiten. Einen terroristischen Hintergrund schloss die Polizei aus. Besonders betroffen zeigten sich Mitarbeiter der derzeit in der Nähe stattfindenden SWR-Produktion.«

Dr. Fischer-Wohltat erhob sich. »Ich denke, das genügt. Seien Sie versichert, meine Damen und Herren, dass unser Sender die Dreharbeiten mit allem gebotenen Taktgefühl zu Ende bringen wird.« Er senkte seinen Kopf und hielt für einen Moment inne. Dann sah er entschlossen in die Runde. »Natürlich sollten wir uns in unseren Entscheidungen nicht beeinflussen lassen. Die freie Presse wird sich niemals unter Druck setzen lassen. Wir werden uns nicht zurückziehen, im Gegenteil. Sicher sind Sie mit mir einer Meinung, dass es der Respekt vor dem Unglück gebietet, uns für Freiburg als künftige Tatort-Stadt zu entscheiden.«

»Unter uns«, fügte er hinzu, nachdem der zustimmende Beifall abgeklungen war, »um die Glaubwürdigkeit müssen wir uns ab sofort keine Gedanken mehr machen. Oder hätten Sie gedacht, dass ausgerechnet im beschaulichen Freiburg solche Dinge passieren könnten?«

Alter Wiehrebahnhof

Bis zur Verlegung der Gleise der Höllentalbahn 1934, Bahnhof für den Stadtteil Freiburg-Wiehre. Das gut erhaltene Gebäude ist heute zu einem kulturellen Zentrum umgebaut, unter anderem mit Kino, einem Galerieraum und einem Café. Seit 2003 Sitz des Literaturbüros Freiburg.
Das Kommunale Kino ist ein nichtkommerzielles Programmkino (seit 1972). Schwerpunkt sind Filmklassiker, Stummfilme (teilweise mit Live-Begleitung), ethnografisches Kino, Experimentalfilme, Kinderkino.
Im Außenbereich des Gebäudes gibt es Tischtennisplatten und einen Bouleplatz. Zweimal wöchentlich (dienstags und samstags) findet ein Wochenmarkt statt.

Neuer Wiehrebahnhof mit Gerwigplatz

Seit der Verlegung der Bahnstrecke neuer Haltepunkt für die Züge zwischen Hauptbahnhof und Höllental. Eröffnung 1934.
Der Platz vor dem Neuen Wiehrebahnhof wurde nach dem Ingenieur Robert Gerwig (1820–1885) benannt. Gerwig war wesentlich an Planung und Bau der Höllentalbahn beteiligt. Weitere wichtige

Bauten waren die Schwarzwaldbahn, die Hochrheinbahn und die Gotthardbahn in der Schweiz. Als Direktor der Uhrmacherschule Furtwangen verhalf er der Kuckucksuhr im heutigen Bahnhäuslestil zum Durchbruch.

Alter Wiehre-Friedhof mit Dortu-Grabmal

Reste des bis 1872 bestandenen Wiehre-Friedhofs. Heute größtenteils überbaut und als Spielplatz genutzt. Neben alten Grabsteinen ist heute noch das Dortu-Grabmal zu sehen. Maximilian Dortu wurde während der Badischen Revolution 1848/49 hier von preußischen Soldaten erschossen.

Omas Küche

Beliebte Gaststätte am Alten Wiehrebahnhof mit Mittagstisch und wechselndem Angebot regionaler Küche. Im Sommer schattige Außensitzplätze unter alten Kastanienbäumen.

Klingstein

Gegenüber der Feuerwehr in der Urachstraße wurde 1991 ein 20 Tonnen schwerer Vulkangestein-Findling vom Kaiserstuhl aufgestellt. Eine Infotafel weist auf die riesigen erdgeschichtlichen Zeiträume hin und fordert zum Denken und Handeln im Einklang mit der Natur auf.

Jugendstilhäuser

Im Stadtteil Wiehre finden sich eine große Zahl gut erhaltener Häuser beziehungsweise Dekorationselemente im Jugendstil. Einige herausragende Beispiele finden sich in der Günterstal-, Schwaighof-, Maximilian- und Holbeinstraße sowie am Goetheplatz.

Lorettobad / Damenbad

Das älteste Familienfreibad Deutschlands wurde 1841 eröffnet. Eine Besonderheit ist das seit 1886 abgetrennte Damenbad, das mit Ausnahme des Bademeisters bis heute ausschließlich weiblichen Badegästen zugänglich ist.

Lorettoberg

385 Meter hoher Höhenrücken im Südwesten des Stadtteils Wiehre. Namensgeber ist der Wallfahrtsort Loreto an der italienischen Adria. Beliebte Ausflugsziele sind die Lorettokapelle, der 1886 errichtete Hildaturm und das Schloss-Café. An der Ostseite zahlreiche sehenswerte Gründerzeitvillen. Im Westen Rebhänge, am Südwesthang das Heliotrop, ein Drehsolarhaus mit unabhängiger Sonnenenergieversorgung.

Wasserschlössle

Trinkwasserhochbehälter im Sternwald, teilweise in den Hang gebaut. Die schlossartige Frontseite ist dem Freiburger Stadtwappen nachempfunden.

Rehbrunnen

Brunnen auf der Waldstraße zwischen Lorettoberg und Günterstal. 1913 in Anlehnung an den Jugendstil erbaut. Unter einem schmiedeeisernen Baldachin steht eine Rehplastik über einem Brunnenbecken. Die Originalskulptur wurde im Zweiten Weltkrieg eingeschmolzen und in den 60er-Jahren neu geschaffen.

Waldhaus

Gemeinnütziges Bildungs- und Informationszentrum. Das vielfältige Angebot soll zur Sensibilisierung für das Ökosystem Wald und nachhaltiger Forstwirtschaft anregen. Grünholzwerkstatt, Skulpturen, Ausstellungen, Schulprojekte, Waldwanderwege.

Annaplatz

Gemütlicher Platz um das Annakirchle (eigentlich: St. Cyriak und Perpetua) mit Bäumen und Sitzbänken. Beliebter Treffpunkt. Der Brunnen mit der Sandsteinfigur des Heiligen Sebastian stand bis 1878 in der Freiburger Altstadt.

4. TODFREUNDSCHAFT

Christians Atem ging stoßweise. Der Schweiß auf seiner Stirn lief in dicken, salzigen Tropfen über seine Nase und in die Augen. Er spürte jeden Herzschlag bis in seinen Hals und hoch in seine Schläfen.

Aus den Augenwinkeln sah er auf seine Pulsuhr. 160 Schläge waren noch im Wettkampfbereich. Trotzdem musste er einen Gang zurückschalten. Jetzt nur nicht überziehen. Klaren Kopf behalten.

Sofort drängte ein ganzer Läuferpulk an ihm vorbei. Der Kampf war hart im Mittelfeld, wo eine Minute mehr oder weniger bereits etliche Platzierungen im Ziel ausmachten. Doch darauf kam es heute nicht an. Die anderen 8.000 Läufer konnten ihm egal sein. Heute war nur einer wichtig.

Er oder der Andere. Dieses Mal würde es klappen. Dieses eine Mal.

Es würde das erste Mal sein. Seit 2004 gab es den City-Marathon in Freiburg. Sie waren von Anfang an dabei, jedes Jahr. Und jedes Mal war Wolle vor ihm ins Ziel gekommen. Immer war er ein paar Minuten schneller. Manchmal drei Minuten, manchmal vier oder mehr. In den letzten Jahren hatte Chris-

tian verbissen trainiert, hatte seine Grundausdauer verbessert und war Stück für Stück näher an Wolle herangekommen. Einmal sogar bis auf eine knappe Minute. Aber das war in dem Jahr, als Wolle seine Achillessehnenverletzung auskurieren musste und er wochenlang nicht trainieren konnte. Doch selbst da hatte es Christian nicht gereicht. Im Jahr darauf war auch er nicht sonderlich fit gewesen, und es hatte eine frustrierende 7:49-Minuten-Rückstand-Schlappe gegeben. Nie würde Christian den demütigenden Anblick vergessen, als ihm Wolle bereits wieder im lockeren Auslaufen entgegengekommen war, während er, Christian, sich noch auf der langen Geraden entlang der Friedhofsmauer abmühte.

Der Puls war immer noch zu hoch. Sein alter Fehler. Wenn der Startschuss gefallen war, riss ihn die Begeisterung mit, und die sorgfältig ausgearbeitete Rennplanung wurde Makulatur. Er lief immer schneller als geplant. Vor allem in Freiburg, seiner Heimatstadt. Einen großen Teil trugen die vielen Musikgruppen dazu bei, die der Veranstalter alle paar Hundert Meter am Straßenrand aufgestellt hatte. Krächzenden Soul gab es ebenso zu hören wie Hip-Hop, Elektropop und Abba-Medleys. Und natürlich Rock in allen Variationen. Ein musikalisches Motivationspaket entlang der gesamten Strecke und Freiburger Alleinstellungsmerkmal, wie die Veranstalter stolz auf ihrer Webseite verkündeten.

Noch mehr waren es aber die Tausende von Läufern um ihn herum, die Christian wie in einem riesigen Fischschwarm in den goldenen Gewässern der Karibik mit sich vorwärtszogen. Es waren die Momente, in denen er förmlich schwebte, in denen nicht er lief, sondern es. Momente, in denen er alles vergessen konnte. Fast alles.

Doch jetzt hieß es: vernünftig sein. Noch hatte Christian erst die Berliner Allee und Weingarten hinter sich, ein knappes Viertel der Strecke. Höchste Zeit, sich auf einen gleichmäßigen, ökonomischen Laufstil einzuschwingen. Das fehlte noch, dass er sich durch seinen Leichtsinn selbst alles kaputt machte.

Die langgezogene, Schatten spendende Allee in der Haslacher Straße war ein Segen. Ebenso die erste Verpflegungsstation, die durch mehrere große Pappschilder schon Hunderte Meter vorher angekündigt wurde. Normalerweise lief Christian zu einem solch frühen Zeitpunkt des Rennens durch. Heute wollte und musste er das Angebot nutzen.

Mit geübtem Blick überflog er die lange Reihe von Bierbänken am Straßenrand. Viele kleine, gefüllte Pappbecher warteten auf die Läufer. Freiwillige Helfer von den Sportvereinen aus Freiburg und dem Umland hielten den Vorbeilaufenden die Getränke entgegen und riefen ihnen schon von weitem den Inhalt zu: »Wasser!« – »Tee!« – »Iso!« Wer wollte, nahm sich von großen Tellern wahlweise Bananen- und Orangenstückchen oder einen klebrig-süßen Gelriegel. An der Seite lagen kleine Schwämme, die, in einen Eimer getaucht, eine herrliche Erfrischung verschafften.

Christian verlangsamte seinen Schritt, bis er fast zum Stillstand kam, und griff nach einem der Becher mit Wasser. Er trank die Hälfte in kurzen, hastigen Schlucken und schüttete sich dann den Rest ins Genick. Es war schon recht warm an diesem Apriltag im Breisgau, und Christian war froh über jeden Gebäudeschatten, über jede Hecke, jeden Baum. Wie Hunderte Läufer vor ihm warf er den leeren Behälter achtlos auf die Straße, die im Umkreis von vielen Metern nass und von Plastik übersät war. Rasch setzte er sich erneut in Trab und nahm seine gewohnte Geschwindigkeit wieder auf.

Vor ihm tauchten jetzt die mächtigen Steinskulpturen der Ochsenbrücke auf. Dort bog die Strecke nach links ab in den Stadtteil Stühlinger, dann ging es weiter über die Blaue Brücke in die Innenstadt. Christian kannte sich aus.

Nicht überziehen, gleichmäßig atmen, Puls nicht über 150.

Dieses Mal würde es anders sein.

Christian hatte alles akribisch vorbereitet. Die modernen Internetapotheken waren ein Segen. Innerhalb eines Abends hatte er gefunden, was er brauchte. Die Bestellung lief problemlos, er hatte noch nicht einmal ein Rezept gebraucht. Bei Schmerz- und Kreislaufmedikamenten war der Gesetzgeber großzügig.

Wenn es tatsächlich zu einer Obduktion käme, würde man ein noch bis vor wenigen Jahren häufig verwendetes Mittel nachweisen, das als Nebenwirkung leistungssteigernd wirkte. Die betreuenden Sportärzte hatten das natürlich längst herausgefunden und entsprechend eingesetzt. Legal. Seither hatte sich das Bewusstsein verändert, vor allem nach den großen Skandalen bei den Profiradfahrern und Leichtathleten. Christian konnte das egal sein. Als Hobbysportler würde ihn nie jemand kontrollieren. Das Medikament war weiterhin zugelassen, auch wenn das Problem der Überdosierung noch immer bestand. Vor allem bei Menschen über 40. Im Besonderen, wenn sie eine Schilddrüsen-Überfunktion hatten.

Zu Beginn ihrer Lauffreundschaft hatte Wolle ihm von seinem Handicap erzählt, und sie hatten gemeinsam Witze darüber gemacht, denn Christian hatte genau dieselbe Schwäche. »Schildkrötenkrankheit« nannten sie sie scherzhaft. Sie war nicht besonders gefährlich und schränkte sie nur unwesentlich ein. Als sie etwa zur selben Zeit ihre Laufleidenschaft entdeckten, erwogen sie sogar für eine Weile, sich die »Turtle-Runners« zu nennen, fanden dies aber dann doch zu sehr daneben.

Aber Christian vergaß selten etwas, und jetzt hatte er sich genau zum richtigen Zeitpunkt erinnert.

Christian überquerte die Zeitmessmatte an der Sandfangbrücke im Freiburger Osten. Hier war die Laufstrecke am weitesten vom Ziel vor der Messe entfernt. Der Blick zur Uhr zeigte, dass er jetzt in seinem geplanten Tempo lag. Immerhin hatte er bereits die Hälfte geschafft und war von hier aus auf dem Rückweg. So jedenfalls stellte er es sich vor. Der Gedanke, von nun an mit jedem Schritt dem Ziel wieder näher zu kommen, trieb ihn nun zusätzlich vorwärts, ließ die vorübergehende Schwäche bei Kilometer zehn vergessen. Christian war überzeugt, dass Laufen mindestens zur Hälfte Kopfsache war. Er hatte sich angewöhnt, bei besonders anstrengenden Passagen an die Bergetappen der Tour de France zu denken. Doping hin oder her. Was die Jungs dort leisteten, war unwahrscheinlich, und Christian litt jedes Jahr vor dem Fernseher mit, wenn die Asse sich die Serpentinen nach Alpe d'Huez und auf den Galibier hochquälten. Die Freiburger Laufstrecke hatte keine Berge und nur unwesentliche Steigungen. Aber wenn er an seine Grenzen gehen musste, halfen ihm die Bilder weiter.

In der ersten Zeit hatte Christian schon bald einsehen müssen, dass die späte Berufung zum Hobbyläufer ihm die flotten Fünf- und Zehn-Kilometer-Strecken verwehrten. Das ging ihm zu schnell, das war ihm zu anstrengend, das war eher etwas für die jungen Gazellen. Aber lange laufen, das konnte er. Lange und langsam. Über sein größtes Ziel sprach

er mit niemandem. Mit Sabine nicht und mit Wolle erst recht nicht. Noch reichte es für nicht mehr als die halbe Strecke. Aber irgendwann einmal würde er es allen zeigen. Irgendwann einmal würde er einen richtigen Marathon laufen. Die ganzen 42,192 Kilometer!

Am liebsten lief Christian in den Vorbergen des Schwarzwaldes. Er liebte seine Trainingsstrecken an den Hängen des Schlossbergs, am Schauinsland oder die Dreisam entlang. Er genoss die Natur, die frische Luft und die Anstrengung. Lange Zeit war Wolle sein Trainingspartner gewesen, gemeinsam hatten sie Wege und Wälder erkundet und sich hinterher bei einem Weizenbier zugeprostet. Es war eine schöne Zeit. Doch das war vorbei.

Christian liebte den Marathon in seiner Heimatstadt. Dieses Jahr hatten die Veranstalter die Strecke wieder einmal abgeändert. Sehr zum Vorteil, wie Christian fand. Vor allem die verschlungenen Passagen durch die Innenstadt erhöhten den Reiz der Teilnahme um ein Vielfaches. Der Münsterplatz blieb zwar ausgespart, doch war ansonsten die gesamte Altstadt einbezogen. Auch die Zuschauer mochten diese Abschnitte besonders. Die Begeisterung versprach dort ihren Höhepunkt.

Schon am Gebäude des SWR hörte er von Weitem einen deutlichen Anstieg des Geräuschpegels. Als er nach rechts in den Schlossbergring einbog, fühlte er sich wie von einer Riesenwelle gepackt und vorwärtsgerissen. Die Stimmung unter dem Schwabentor war überwältigend. Dicht an dicht standen die Zuschauer in mehreren Reihen hintereinander. Es wurde lautstark geklatscht, von überall her schallten aufmunternde Hopp-hopp-Rufe. Gleich mehrere Musikgruppen standen in kurzen Abständen nacheinander, die Luft dröhnte von Bässen, elektrischen Gitarren und Trommeln.

Auch der zweite Teil seines Planes war überraschend einfach gelungen. Wolle hatte wie er vom ersten Freiburg-Marathon her eine rot-gelbe Rothaus-Trinkflasche. Beide betrachteten sie als eine Art Glücksbringer, die seither bei keinem Rennen fehlen durfte. Wolle hatte sein Exemplar von Beginn an mit einem kleinen Baden-Fähnchen gekennzeichnet. »Baden lebt!«, hatte er scherzhaft dazu gesagt. Christian hatte das ziemlich kindisch gefunden. Zumal Wolle seither mit Vorliebe mit diesem Fähnchen in der Hand den Zuschauern zuwinkte, wenn er durchs Ziel lief. Vor Christian natürlich.

In Oberlinden hatten die Veranstalter eine Schleife eingebaut, so dass Christian nach ein paar Minuten durch die Konviktgasse wieder zu fast derselben Stelle hinter dem Schwabentor zurückkam. Die Sonne stand inzwischen hoch über den Häusern. Ihre Strahlen spiegelten sich in den Fenstern und auf den Dächern, über die in einiger Entfernung der Münsterturm aufragte. Das Schild mit dem Bären über Deutschlands ältestem Gasthaus leuchtete ebenso golden wie der Strahlenkranz der Marienfigur über dem Brunnen.

Die Zuschauer waren bis in die Äste der alten Linde geklettert. Zu früheren Zeiten hatte es hier Markt und fröhliche Feste gegeben, aber auch öffentliche Gerichtsverhandlungen. Heute sah das alte Herz der Stadt den Marathonlauf.

Christian musste lächeln, als er daran dachte. Die Zeiten ändern sich.

Die kleine Unsicherheit blieb, ob Wolle den Zusatz herausschmecken würde. Doch ein vorsichtiger Eigenversuch beruhigte Christian, zumal Wolles »geheimer Powertrank«, wie er ihn scherzhaft nannte, aus einer knallsüßen Mixtur aus Apfelsaftschorle, Cola, Traubenzucker und aufgelösten Gummibärchen bestand, die jeden anderen Geschmack spielend überdeckte. Seit Jahren benutzte Wolle diese Mischung, die Christian dieses Mal auch in seiner eigenen Flasche angerührt hatte. Mit einem kleinen, entscheidenden Zusatz. Er schätzte, dass die fünffache Dosis der Tabletten die gewünschte Wirkung haben würde. Zumindest würde sie Wolle, falls er überlebte, hinreichend außer Gefecht setzen.

»Idiot, pass doch auf!«, hörte Christian plötzlich neben sich. Er schrak zusammen. Für einen Moment hatte er die Konzentration verloren. Unvermittelt war er einen Schritt zur Seite getreten und hatte in der Enge einen schräg hinter ihm Laufenden gerempelt. Christian entgegnete nichts. Er wollte sich auf keinen Disput einlassen. Wozu auch? Heute war nicht der Tag der Rekorde. Heute ging es um mehr. Alles war vorbereitet. Er musste es nur noch laufen lassen.

Die Veranstalter des Freiburg-Marathons, wie er offiziell hieß, hatten wie in jedem Jahr auch eigene Getränke zugelassen und sogar angeboten, diese zu den gewünschten Verpflegungsstationen vorauszufahren.

»Hinten ist offen. Auf jeder Box steht der Straßenname. Einfach dazustellen«, hatte die junge Dame in Trainingshose und T-Shirt mit Veranstalterlogo ihn lächelnd ermuntert und dabei auf das Heck des Kombi gedeutet, in dem in drei Plastikwannen bereits etliche Flaschen in verschiedensten Größen und Farben und mit unterschiedlichsten Kennzeichnungen standen.

Dass Christian mit einem geschickten Griff Wolles Fähnchen von dessen Flasche auf seine eigene mit der tödlichen Mixtur steckte, merkte im allgemeinen Trubel in den Hallen auf dem Messegelände niemand.

»Guten Lauf!«, wünschte die freundliche Helferin, als Christian sich wieder verabschiedete und

im nervösen Gewimmel der Startvorbereitungen untertauchte.

Am Ende der dritten Schleife durch die Altstadt hatte die fantastische Stimmung entlang der Strecke Christians grüblerische Gedanken endgültig zur Seite gedrängt. Die Rufe der Zuschauer, der pulsierend-stampfende Rhythmus der Musik, das Schnaufen und Hecheln, das Lachen und Plappern der Läufer, das Trippeln Tausender Schuhe auf dem Kopfsteinpflaster – all das setzte in ihm einen Strom von Glückshormonen frei. Wie im Film zog die Kulisse der Häuser und Menschen an ihm vorbei. Seine Beine gab es nicht mehr, alle Schmerzen waren verflogen. Der Läuferhimmel senkte sich herab über die Stadt – süß, bunt und berauschend wie ein Sommertag am Mittelmeer.

Der einzige Haken an der ganzen Sache war, dass Christian seinen Triumph nicht würde auskosten können. Natürlich würde er pflichtgemäß das ganze Programm mitspielen. Er würde nach dem Zieleinlauf bestürzt sein und seiner Verwunderung Ausdruck geben, wie leicht er seinen Konkurrenten gegen Ende des Rennens noch überholt hatte. Er würde den Kopf schütteln über so viel Unvernunft und Unsportlichkeit eines überehrgeizigen Laufkameraden, der mit unerlaubten Mitteln seine Leistung gesteigert hatte und von dem er, Christian, dies natürlich nie vermutet hätte. Nein, den

Triumph in der Öffentlichkeit zeigen durfte er nicht. Doch von diesem Tag an würde eine neue Zeit für ihn beginnen.

Christian näherte sich der Verpflegungsstelle in Herdern, eine der letzten Getränkeausgaben vor dem Ziel. Von hier aus waren es noch etwa fünf Kilometer zu laufen. Hier würde sich alles entscheiden.

Er schätzte, dass die Wirkung bei der starken Kreislaufbelastung etwa nach drei bis fünf Minuten einsetzen musste. Das bedeutete, dass, wenn Wolle aus seiner Rothausflasche getrunken hatte, er noch einen knappen Kilometer laufen würde, ehe die Wirkung einsetzte. Zeit genug für Christian, um zu seinem Konkurrenten aufzulaufen, ihn zu überholen und mit einem gespielt verwunderten »Na, was ist los? Nicht fit heute?« an ihm vorbeizuziehen. Vielleicht hatte er sogar das Glück, dass es gerade an der Stelle geschehen würde, an der am Straßenrand einer der Fotografen stand, die mit den großen Objektiven ihrer Spiegelreflexkameras Erinnerungsfotos von jedem Teilnehmer knipsten. Christians Triumph würde süßer schmecken als der Inhalt der Trinkflasche.

Seine eigene Flasche sah Christian schon von Weitem. Das auffallende Gelb mit dem roten Schriftzug der Badischen Staatsbrauerei unterschied sich deutlich von den Behältnissen seiner Mitläufer. Christian hielt an, blickte über die Tische und sah sofort, dass die Flasche mit dem Baden-Fähnchen nicht mehr dastand. Wolle hatte den Tausch nicht bemerkt, er hatte sie mitgenommen, wie es seine Gewohnheit auf den letzten Kilometern war. Und das bedeutete nichts anderes, als dass er auch daraus getrunken hatte!

In Christians Erleichterung mischte sich Triumph. Nun war sein Plan nicht mehr aufzuhalten! Er griff sich Wolles Flasche und nahm im Gehen einen tiefen Schluck. Das süße Gebräu schmeckte ekelhaft, doch war es genau das, was er jetzt brauchte, um seine letzten Reserven zu mobilisieren. Er wollte auf den letzten Kilometern noch einmal zulegen. Und vor allem wollte er, dass Wolle das Letzte, was er auf dieser Welt sah, ein strahlender Christian sein würde.

Christian nahm einen weiteren Schluck und noch einen dritten. Dann steckte er die Flasche in sein Hüftholster am Rücken und nahm wieder Tempo auf. Er schätzte, dass Wolle etwa fünf Minuten vor ihm lag und die Wirkung nun gerade einsetzen würde. Von seiner Zeit als Krankenpfleger und aus der Beschreibung der Kombiwirkung von Schilddrüse und Kreislauf auf dem Beipackzettel wusste er ungefähr, was nun kommen würde.

Es beginnt mit einem leichten Benommensein, wenn der Blutdruck absinkt und die Sauerstoffzufuhr zum Gehirn gedrosselt wird. In den ersten Sekunden würde es bei der enormen Belastung kaum auffallen. Ein kurzer Schwächeanfall in der Endspurtphase kann selbst ambitionierten und gut trainierten Läufern passieren. Und jeder gute Läufer weiß, was dann zu tun ist: das Tempo ein wenig drosseln, noch einen Schluck trinken, weiterlaufen.

Als er die ersten Anzeichen von Schwäche bemerkte, hielt er sich daran: trinken und etwas langsamer weiterlaufen. Doch dieses Mal half es nicht. Der Schwindel blieb, nahm zu, drang von den Schläfen aus in den Hinterkopf. Übelkeit stieg aus seiner Kehle empor. Von den Oberschenkeln her breitete sich Schwere über die Beine aus, die Schritte wurden langsamer.

Der angestrengte Puls begann unaufhörlich zu steigen, das rhythmische Schlagen verwandelte sich in nervöses Flattern. Ein stechender Schmerz in der Lunge. Der Atem wurde schwer und schwerer, wurde zu hilflos keuchendem Röcheln.

Spätestens jetzt war deutlich, dass etwas nicht stimmte. Langsamer laufen, gehen, schließlich anhalten müssen. Der Husten wird zum Erstickungsanfall. Schwindel, alles dreht sich. Angst klopft in der Brust, zwingt ihn in die Knie, auf den Boden.

In die große Schwärze.

Wie bei vielen Rennen zuvor, stand Sabine mit ihrem Sohn einige Meter vor dem Ziel und wartete auf Christian. Seit Andreas alt genug war, durfte er mitgehen und seinen Papa anfeuern. Gerade war Onkel Wolle vorbeigekommen. Er wirkte trotz der Anstrengung kraftvoll und gut trainiert, und er winkte ihnen übermütig mit dem Baden-Fähnchen und der Rothaus-Flasche zu.

Beide winkten begeistert zurück und riefen hinter ihm her. Sabine wünschte ihrem Mann und sich selbst, dass der Abstand heute nicht allzu groß sein würde. Ab fünf Minuten hing für eine Woche der Haussegen schief. Diese lächerliche Rivalität unter Männern! Sabine stieß einen kleinen Seufzer aus. Manchmal waren sie wie Kinder.

Andreas blickte erwartungsvoll die Zielgerade hinunter. Gleich würde sein Vater in der Kurve nach der Eisenbahnbrücke auftauchen! Er war stolz auf ihn und hatte sich längst vorgenommen, sobald er alt genug war, ebenfalls bei den Rennen mitzumachen. Ein guter Läufer der Schülerklasse war er bereits jetzt schon.

»Mami, stell dir vor, was dem Onkel Wolle heute beim Rennen passiert ist!« Der Junge stand auf dem Fuß des Absperrgitters und machte sich so groß wie möglich.

Sabine wandte nun ebenfalls den Blick die Straße hinunter, wo sie ihren Mann erwartete. »Was ist ihm denn passiert, Andreas?«

»Heute Morgen habe ich mir schon alles genau angesehen, den großen Startbogen, die Lautsprecher und die Zeitnahme.« Seine Augen leuchteten. Sabine wusste, dass ihr Sohn von der Wettkampfatmosphäre begeistert war.

»Die vielen Rucksäcke! Die Startnummern und alles! Sogar das Auto mit den Verpflegungsgetränken habe ich entdeckt. Das stand hinter der Halle auf dem kleinen Parkplatz. Der Kofferraum war auf. Und weißt du, was ich gesehen habe?« Andreas war nun richtig aufgeregt. Rasch aufeinanderfolgend kamen nun die Läufer ins Ziel, alle begeistert beklatscht.

»Du weißt doch, dass Onkel Wolle auf seine Trinkflasche immer ein Baden-Fähnchen steckt. Stell dir vor, irgendjemand muss es vertauscht haben, es war auf einmal auf der Flasche von Papa. Ich kenne beide ganz genau, die hat doch das hintere »s« vom Namen abgeschabt, bei Onkel Wolle ist ein großer Kratzer auf der Verschlusskappe.«

»Und?«

»Ich hab's bei Papa abgemacht und bei Onkel Wolle wieder draufgesteckt. Das wäre doch schlimm, wenn er die falsche Flasche erwischen würde. Wo er doch immer so sorgfältig bei seinen Vorbereitungen ist.«

Sabine lächelte und fuhr ihm mit der Hand über die Haare. Sie war stolz auf ihren Sohn.

Neue Messe

Die Messe hatte ihren ursprünglichen Standort im Osten der Stadt. Im Jahr 2000 begann der Umzug auf das neu geschaffene Messegelände. Moderne Infrastruktur, über 20.000 Quadratmeter Hallenfläche. Zahlreiche Veranstaltungen (Konzerte, TV-Shows, Ausstellungen, Fachmessen, Sportevents). Start- und Zielbereich des Freiburg-Marathons.

SC-Stadion (neu)

In der nordwestlichen Ecke des Flugplatzes (Wolfswinkel) unterhalb des alten Freiburger Müllbergs geplanter Neubau des Fußballstadions für den SC Freiburg. Voraussichtlicher Bezug 2019.

Flugplatz

Einer der ältesten Flugplätze Deutschlands. Entstanden 1907 auf einem ehemaligen Exerzierplatz. Neben privater Nutzung vor allem von Bedeutung für die nahe gelegene Freiburger Messe sowie für die Universitätsklinik. Im September 2011 feierte Papst Benedikt auf dem Gelände mit 100.000 Besuchern den Abschiedsgottesdienst seines Deutschlandbesuchs.

Oberlinden

Oberlinden in der Nähe des Schwabentors ist eines der ältesten Stadtviertel Freiburgs. Mittelpunkt ist der große Brunnen mit der Mariensäule. Unter der Linde wurde früher öffentlich Gericht gehalten.

Schwabentor

Neben dem Martinstor einzig erhaltenes mittelalterliches Stadttor. Auf der Außenseite ist das Bild des Stadtpatrons Sankt Georg als Drachentöter zu sehen. Auf der Innenstadtseite befindet sich die Darstellung eines Kaufmanns mit einem Fuhrwerk, Symbol des einstigen Handelsweges in den Schwarzwald und nach »Schwaben«.

Zinnfigurenklause

Zinnfigurenmuseum im Schwabentor. Handbemalte Zinnfiguren in Dioramen zeigen historische Szenen, hauptsächlich von den Freiheitsbewegungen im süddeutschen Raum (zum Beispiel die Schlacht bei Sempach, Bauernkriege).

Gasthof Zum Roten Bären

Hotel und Restaurant im Altstadtviertel Oberlinden, Nähe Schwabentor. Urkundlich belegt seit 1387, gilt es als das älteste erhaltene Gasthaus Deutschlands.

Salzstraße

Altstadtverbindung vom Bertoldsbrunnen zum Schwabentor. Die Salzstraße war Teilstück einer der einst wichtigsten mittelalterlichen Ost-West-Verbindungen im Breisgau (Salzhandel). Galt lange Zeit als Nobelgasse, in der Adlige ihre Stadtwohnung hatten.

Konviktgasse

Das ehemals mittelalterliche Handwerkerviertel wurde im Krieg stark beschädigt. Bei der gelungenen Sanierung achtete man besonders auf die ursprüngliche historische Struktur mit reizvollen Häuserfassaden. Eine außergewöhnliche Pracht ist die Blauregenblüte im Frühjahr.

Münsterbauhütte

Der Nachfolgebau der Alten Münsterbauhütte ist heute Werkstatt zur Erhaltung und Instandsetzung des Münsters. Im Haus befindet sich eine Dauerausstellung zur Tradition der Steinmetzarbeiten. Historisches Holzmodell des Münsters.

Buchhandlung Zum Wetzstein

Der *Wetzstein* ist eine der schönsten Buchhandlungen Deutschlands. In einem einzigartigen Ambiente werden Werke der Weltliteratur, bibliophile und signierte Ausgaben, Faksimiles und Drucke angeboten. Antiquariat.

Schlossberg

Der südwestliche Ausläufer des Roßkopfs ist ein 456 Meter hoher Berg unmittelbar östlich der Freiburger Altstadt. Seine strategisch einzigartige Lage bescherte ihm eine wechselvolle Geschichte mit Burgen, Schlössern und Befestigungsanlagen. Heutige Aussichtspunkte sind: Schlossbergturm, Kanonenplatz, Bismarckturm, Greiffenegg-Schlössle. Die Weinlage *Freiburger Schlossberg* an der Südseite gehört zu den 100 Besten in Deutschland.

5. DER JAPANER

Ein dunkler Vogel brach aus dem Dickicht hervor und schwang sich laut krächzend in den Nachthimmel. Von irgendwoher dröhnten die Motorengeräusche einer Straße.

Der Mann lehnte sich schwer atmend an den Stamm der riesigen Pappel. Aus dem Riss in seiner Wange tropfte Blut. Seine Knie zitterten vor Angst und Anstrengung. Für den Moment boten die Bäume und die Dunkelheit Schutz.

Masao Funaki löste den Knoten seiner Krawatte, zog sie über den Kopf und stopfte sie in die Innentasche seines Jacketts. Salziger Schweiß schmerzte in seinen Augen und ließ seine Brille beschlagen.

Was er sah, war nicht ermutigend. Ein gutes Stück vor ihm schimmerten ein paar Lichter durch das Gestrüpp. Er hatte keine Ahnung, wo er war. Wie sollte er den Weg zurück in sein Hotel finden?

Mühsam tastete er sich durch das Gestrüpp der Bäume und Büsche weiter. Schon nach wenigen Schritten wäre er plötzlich beinahe eine Böschung hinuntergerutscht. Das sanfte Gluckern des Flusses vor ihm ließ ihn rechtzeitig innehalten. Er war am Rande des Waldes angelangt.

Vorsichtig lugte er hinter einem Baumstamm hervor. Zu seiner Rechten sah er in etwa 200 Metern Entfernung die Scheinwerfer eines Autos über eine Brücke huschen. Nach links verlor sich das dunkle Band der Dreisam in die Dunkelheit.

Er musste es riskieren. Halb geduckt stolperte er vorwärts. Als er die Brücke erreichte, sah er, dass die Straße auf der gegenüberliegenden Seite zu einigen Häusern führte. Eine Laterne erleuchtete ein großes Plakat am Ortseingang. Funakis Blick fiel auf die Zeichnung eines Mannes in weiten, bunten Kleidern. Er schwang eine riesige Fahne und blickte ihm grimmig entgegen. Ein Mönch? Ein Krieger? Ob dies eine Warnung darstellte? Masao Funaki war mit den Gebräuchen dieses Landes nicht vertraut. Vielleicht lief er der Polizei geradewegs in die Arme.

In diesem Moment hörte er von Weitem lautes Gelächter. Funaki ging vorsichtig weiter. Vor einem der Häuser an der Straße war der Garten mit Lichterketten erleuchtet. In einem kleinen Hof saßen Menschen an einfachen Holztischen. Sie prosteten sich zu und riefen laute Worte, die er nicht verstand.

Was sollte er tun? Er war nicht den weiten Weg hierher gereist, um jetzt mutlos aufzugeben. Funaki griff in seine Jackentasche und zog ein großes, flaches Ledereuti heraus. Zwischen Geldscheinen, einem Flugticket und seinem Reisepass fand er, was er suchte. Er konnte nicht lesen, was auf der Karte stand, doch er wusste, dass es Name und Anschrift seines Hotels sein musste.

Masao Funaki nahm seinen ganzen Mut zusammen und trat an einen der Tische.

Gregor Winterhalter freute sich auf den vor ihm liegenden Tag.

Dabei hatte er anfangs wenig begeistert dreingeschaut, als ihm seine Frau eröffnet hatte, dass er sich am Sonntag um die Kinder kümmern müsse. Es würde ihm nichts anderes übrigbleiben. Seit Verena auf der Karriereleiter eine Stufe nach oben geklettert war, musste sie damit rechnen, kurzfristig zu wichtigen Meetings irgendwo in der Republik gerufen zu werden.

»Warum geht ihr nicht mal wieder in den Mundenhof? Bei schönem Wetter ist das ein Selbstläufer. Ein bisschen Bewegung tut dir sowieso gut!«

Natürlich hatte sie recht. Mit der Bewegung und mit dem Mundenhof. Nur das frühe Aufstehen am Wochenende fiel ihm schwer.

Auf dem mit Bäumen gesäumten Parkplatz standen um diese Zeit nur wenige Autos. Achim und Holger, seine beiden Jungs, stürmten schon voraus. »Wartet am Eingang!«, rief er ihnen hinterher. Er schloss seinen Wagen ab und zog sich den Rucksack mit den Frühstücksbroten und den Wasserflaschen über die Schultern. Heute würde es ein heißer Tag werden.

Ein vielstimmiges Krächzen ließ ihn seinen Blick nach oben wenden. Über den zartblauen Morgenhimmel kreisten etwa 20 bis 30 Störche. Der Mundenhof war bekannt für seine seit Jahren erfolgreiche Zucht.

Inzwischen konnte man die herrlichen Vögel überall auf den Wiesen im Freiburger Westen antreffen. Rasch machte er ein paar Handyfotos, dann ging er weiter.

Auf dem großen Platz links neben dem Eingang waren wie jeden Sommer die großen bunten Zirkuszelte aufgebaut. Auf dem Platz davor standen und lagen metallene Absperrgitter, Tische und Bierbänke. In wenigen Tagen würde hier das alljährliche Zeltmusikfestival beginnen. Winterhalter freute sich. Die Karte für das Konzert mit den Teddyshakers hatte er schon vor Wochen gekauft. Verena wusste noch nichts davon. Sie würde sich freuen.

»Papa, dürfen wir vorauslaufen? In einer Viertelstunde werden die Wollschweine gefüttert!« Die beiden Jungs warteten bereits ungeduldig neben dem Kiosk am Eingang.

Winterhalter lächelte und nickte. Sofort stürmten sie los. Natürlich staunten Achim und Holger über die exotischen Strauße, die majestätischen Dromedare, und die wuchtigen Bisons, die manchmal ganz nahe an die Absperrgitter herankamen.

Doch außer bei den Affen verbrachten sie die Zeit am liebsten bei den Eseln, Ziegen und Schafen. Die Tiere waren immer in Bewegung und ließen sich sogar streicheln.

Winterhalter war es recht. Im Stillen war er Verena dankbar für diesen Tag. Die Jungs waren beschäftigt, und er konnte seinen Gedanken nachhängen.

Schon von Weitem sah Winterhalter, dass am Europa-Gehege etwas anders als sonst sein musste. Achim und Holger waren halb auf den Zaun geklettert, vor ihnen liefen sämtliche Schweine in einem großen Pulk umher. Von einem Pfleger war weit und breit nichts zu sehen. Die Jungs würden doch nicht heimlich etwas zu fressen hineingeworfen haben? Dabei hatte er ihnen doch streng verboten …

»Papi, komm schnell!«, riefen beide und deuteten aufgeregt in das Gehege. »Sieh mal!«

Winterhalter traute seinen Augen nicht.

Plo-se-te! Plo-se-te!

Nur raus hier! Masao Funaki zerrte verzweifelt an der Tür. Sie rührte sich keinen Millimeter.

Plo-se-te!

Die Rufe prasselten auf ihn ein wie ein Hagelsturm in den japanischen Bergen. Aus den Wänden traten Gesichter hervor, verzerrt, mit roten Wangen und durchdringenden, großen Augen. Ihre Münder folgten einem unerbittlichen Rhythmus, bei jedem Öffnen entließen sie einen bitter riechenden Strahl braungelber, schäumender Flüssigkeit.

Plo-se-te!

Funaki fuhr herum, taumelte, raffte sich auf. Seine Jacke hing an ihm wie ein nasser Fetzen. Noch eine Tür, wieder verschlossen. Eine dritte, vierte. Die Wände bogen sich um ihn, über ihn, der Boden sackte weg. Langsam begann der Raum sich zu drehen, dann schneller, immer schneller …

Mit einem Schrei fuhr Masao Funaki in seinem Bett auf. Das Laken klebte an seinem Körper. Er zitterte am ganzen Leib, seine Haare waren schweißnass. Es dauerte ein paar Sekunden, ehe er begriff, wo er war. Er setzte sich auf, spürte den Boden unter seinen Füßen. Dann sah er das große, weiß bezogene Bett, die holzgetäfelten Wände, das große Fenster. Dies musste sein Hotelzimmer sein.

Ungläubig blickte er auf das zerknitterte Gesicht, das ihm aus dem Badezimmerspiegel entgegensah. Rasch trank er aus dem Hahn nacheinander zwei Gläser Wasser. Dann rieb er ein paar Mal Wangen, Stirn und Nacken ab. In seinem Zimmer versuchte er das Fenster zu öffnen, doch die Mechanik war ihm fremd. Stattdessen holte er sich ein weiteres Glas Wasser und ließ sich mit einem Seufzer in den großen Sessel fallen. Es war halb sieben, der Tag erwachte.

Irgendwie war es ihm also gestern Nacht doch noch gelungen, zurückzufinden. Auch wenn er einen hohen Preis dafür bezahlt hatte. Die fröhliche Runde in der Gartenwirtschaft hatte ihn sofort aufgenommen. Dass dazu mehr als ein Glas des deutschen Nationalgetränks gehörte, nahm er in Kauf. Er konnte und wollte nicht unnötig auffallen. Nach den vielen Jahren im Kloster hatte der Alkohol eine verheerende Wirkung gehabt. Doch wie es schien, hatte ihn das für die anderen nur noch sympathischer gemacht.

Prost – das eine Wort, das er immer wieder heraushörte, und das er mühsam versucht hatte, nachzusprechen, immer und immer wieder. Er würde es sein Lebtag nicht mehr vergessen.

Wann ihn der Taxifahrer abgeliefert hatte, wusste Funaki nicht mehr. Seiner jahrelang eingeübten Disziplin verdankte er, dass er trotzdem bereits jetzt wieder wach war.

Er hatte Hunger. Seit den letzten Keksen im Flugzeug hatte er nichts mehr gegessen. Von Basel aus war er direkt in sein vorgebuchtes Hotel gefahren. In seinem Zimmer hatte er ein wenig geschlafen und war gegen Abend zum Ziel seiner Reise aufgebrochen.

Es hatte ein wenig gedauert, bis er dem Taxifahrer die Adresse verständlich machen konnte. Die Fahrt führte aus der Stadt heraus ins Grüne. Funaki war nicht wenig erstaunt, sich in einem großen Parkgelände wiederzufinden, in dem alle möglichen Tiere friedlich weideten. Eher zufällig hatte er dann gefunden, was er suchte. Der üppige Bambushain neben einem Büffelgehege erinnerte ihn sofort an seine Heimat. Ebenso der hölzerne Pavillon auf einem kleinen Hügel, schwarz und rot bemalt, die Säulen im traditionellen Achteck trugen ein Schindeldach mit einer ebenso achteckigen Öffnung. Davor war ein Felsengarten angelegt, in dem Wasser sprudelte. Einige Azaleen blühten. Wer noch nie in seiner Heimat war, hätte dies durchaus für japanische Gestaltung halten können.

Funaki stand auf und folgte dem leisen Surren des Zimmerkühlschranks. Einige Flaschen mit bunter, eiskalter Flüssigkeit standen darin, dazu einige Päckchen und Beutel, die offenbar Süßes und Salziges enthielten. Funaki ließ alles liegen und holte sich stattdessen ein weiteres Glas Wasser aus dem Bad.

Schon nach wenigen Minuten hatte er enttäuscht herausgefunden, dass er bei diesem Pavillon niemals das finden würde, dessentwegen er gekommen war. Keine Steinlampe, keine Pagode, kein Schrein, in dem das verborgen war, das ihm gehörte. Ein netter Holzpavillon in einem netten Garten. Das war alles.

Funaki schloss die Augen und atmete tief durch, als er sich erinnerte, was dann kam. Ob ihn der junge Mann mit Absicht erschrecken wollte, als er sich leise von hinten näherte, wusste er nicht. Funaki wusste nur noch, dass er blitzartig herumgefahren war und dem vermeintlichen Angreifer einen kurzen Verteidigungsstoß versetzt hatte. Nichts Gefährliches, eine einfache traditionelle Methode, den Zeitpunkt der Überraschung in eigenen Vorteil umzuwandeln. Dass der junge Mann den Halt verlor und unglücklich mit dem Hinterkopf auf einen der Steine aufschlug, hatte er nicht gewollt.

Im ersten Moment war Funaki in Panik geraten. Wenn ihn jemand mit dem Toten gefunden hätte, wäre seine Mission gescheitert gewesen. Ein übermächtiger Drang zur Flucht hatte ihn überfallen. Das jahrelange Training zur Selbstbeherrschung im Kloster hatte ihm aber geholfen, Ruhe zu bewahren. Niemand hatte ihn gesehen. Jetzt war es vor allem wichtig gewesen, Zeit zu gewinnen. Und die konnte er sich am ehesten verschaffen, wenn es ihm gelang, die Leiche rasch und unauffällig verschwinden zu lassen.

Er hatte auch gewusst, wie. Mit kräftigem Griff hatte er sich den leblosen Körper auf die Schultern geladen und war zu dem Gehege gestapft, an dem er eine halbe Stunde zuvor vorbeigekommen war.

Funaki ging zu seiner Reisetasche und holte eine halb vergilbte Schwarz-Weiß-Fotografie heraus. Liebevoll strich er mit den Fingern darüber. Der Butsudan seiner Eltern! Die hölzernen Türen des Ahnenschreins waren weit geöffnet. Links und rechts brannten zwei Kerzen, einige Holztäfelchen mit den Namen der Verstorbenen standen am Rand. In der Mitte die Figur des Buddha. Wie viele Jahre er dort schon aufbewahrt worden war, wussten noch nicht einmal Funakis Großeltern. Er war das Herzstück, er war das Band, das Masao Funaki mit der langen Reihe seiner ehrwürdigen Ahnen auf immer verknüpfte.

Er hatte es damals nicht glauben könne, als er beim Treffen zur Totenfeier seines Bruders erfahren musste, dass dieser schon vor vielen Jahren den Nachlass ihrer Eltern verkauft, verschenkt und entsorgt hatte. Er selbst hatte sich nie um ein Erbe gekümmert, sein Weg als Mönch hatte ihn frei von allen irdischen Begierden gemacht. Anders als sein Bruder, der sich nicht gescheut hatte, sogar den Butsudan zu verkaufen.

Es war nicht einfach gewesen, die lange zurückliegenden Spuren wieder aufzunehmen. Mit Genehmigung seines Meisters und der finanziellen Unterstützung der Familie war es ihm gelungen, den Verbleib des Buddha herauszubekommen. Die Figur war bei einem Antiquitätenhändler gelandet. Von dort hatte sie vor über 30 Jahren ein Gartenarchitekt aus Matsuyama gekauft, um einem Projekt in der Partnerstadt in Europa besondere Hochschätzung zu verleihen. Es sollte ein japanischer Garten geschaffen werden. Der Name der Stadt war Freiburg.

Auf dem Schränkchen neben dem Flachbildschirm lag eine Mappe mit Papieren in verschiedenen Sprachen. Funaki war hocherfreut, als er die vertrauten Schriftzeichen las. Wenn er es richtig verstand, gab es in dem Hotel für die Gäste ein Frühstück. Seine Scheu vor dem Unbekannten wurde vom Knurren in seinem Magen übertönt. Er wusch und kämmte sich, zog sich um und ging über die Treppe nach unten.

Zu seiner Überraschung war die Hälfte der Tische mit Landsleuten besetzt. Drei Reisegruppen, die kurz vor ihrer Weiterfahrt standen. Funaki stellte sich höflich vor und wurde sofort neugierig mit Fragen bestürmt. Ein Landsmann ganz alleine in der fremden Stadt war schließlich ein äußerst ungewöhnlicher Anblick. Ob er geschäftlich unterwegs sei, oder gar hier arbeite, wollte man wissen. Funaki beließ es bei der Andeutung eines Businessbesuchs. Mehr konnte und wollte er nicht preisgeben.

Stattdessen ließ er sich einige der Souvenirs zeigen.

Höflich bewunderte er riesige holzgeschnitzte Uhren, in denen ein kleiner künstlicher Vogel versteckt war. Große Krüge mit Deckel und bunter Bemalung riefen in ihm unangenehme Erinnerungen an die vergangene Nacht zurück. Besonders beliebt schienen Fläschchen mit einer wasserklaren Flüssigkeit, auf deren Etikett rote Kirschen abgebildet waren. Einer der Gäste präsentierte stolz eine bunte Blechdose, in der seiner Auskunft nach sämtliche Zutaten für das Freiburger Nationalgericht abgepackt waren. Es musste sich um eine Torte handeln, die sein neuer Bekannter zu Hause in der Heimat den staunenden Familienmitgliedern backen und somit ein authentisches Gefühl von Deutschland vermitteln wollte.

Funaki lobte pflichtschuldigst alles, was ihm vorgeführt wurde. Doch dann knurrte sein Magen unüberhörbar. Mit dem Austausch von Visitenkarten verabschiedete er sich und sah sich um, wo es etwas zu essen geben würde.

Sein Herz klopfte vor Aufregung. Noch niemals zuvor war er in einem solchen Hotel gewesen, selbst in seiner Heimat nicht. Hier stand er vor einer zusätzlichen Herausforderung. Wie sollte er in diesem fremden Land den Gebräuchen der Einheimischen gerecht werden?

Unauffällig beobachtete Funaki aus der nötigen Distanz die übrigen Gäste, die sich von einem Stapel Teller und das typisch europäische Metallbesteck holten. Daraufhin bewegten sie sich der Reihe nach vorbei an einem langen Regal mit Schüsseln, Platten und Wannen. Von dort begannen sie, ihre Teller mit Essen aufzuhäufen.

Funaki wartete, bis die meisten Gäste zurück an ihren Plätzen waren. Dann holte auch er sich einen Teller und trat an das Buffet. Dort steigerte sich seine Unsicherheit noch mehr. Nichts von dem, was er sah, kannte er – seltsam aussehende und merkwürdig riechende Fleischscheiben in allen Größen, Eier in allen Variationen, gebratene Würstchen und bunte Salate ebenso wie rohes Getreide. Es gab unzählige Näpfchen mit klebrig-süßen Aufstrichen, dazu eine ganze Reihe Getränke in allen Farben.

Eine riesige Auswahl. Und trotzdem wurde nichts von dem angeboten, was er von zu Hause kannte. Keine Suppe, kein Nori, noch nicht einmal Reis. Essstäbchen schon gar nicht.

Nach einigem Zögern nahm er sich etwas Fisch, dazu zwei Scheiben Brot. Den abgepackten Beuteltee ließ er stehen und begnügte sich mit einem Glas Wasser. In der Ecke fand er einen Tisch am Fenster, an dem er sich niederließ.

Der Frühstücksraum hatte sich rasch geleert. Die Teilnehmer der Reisegruppen waren bereits im Aufbruch. Funaki sah durch die geöffnete Tür, wie sich alle mit ihren Rollkoffern im Foyer versammelten.

Funaki war es recht so. Er fühlte sich unwohl unter den vielen fremden Menschen, selbst wenn sie aus seinem Heimatland kamen. Über die wahren Gründe seines Aufenthalts hatte er nichts preisgegeben. Immerhin hatte er herausbekommen, dass es in Freiburg wohl einen weiteren Japanischen Garten geben musste. Dem Taxifahrer gegenüber hatte er sich gestern Abend wohl nicht richtig ausgedrückt.

Nach dem ersten Bissen verzichtete Funaki darauf, mehr von dem Fisch zu essen. Er kaute das trockene Brot und nippte an seinem Wasserglas. Sein Blick fiel aus dem Fenster auf einen grasbewachsenen Hügel mit großen alten Bäumen. Üppige Blumenbeete und lebensgroße Skulpturen standen entlang der Wege. Auf der Kuppe thronte ein reich geschmücktes Haus mit kleinen Säulen und Erkern. Eine breite, geschwungene Treppe führte zum Eingang, über dem riesige Banner aufgezogen waren. Zu dem Haus gehörte ein eigener Weinberg, der sehr gepflegt wirkte. Jede einzelne Rebe trug ein eigenes Hinweisschild.

Funaki staunte. Der Hausherr war mit Sicherheit überaus wohlhabend, dass er es sich leisten konnte, mitten in der Stadt auf einem solch großzügig ausgestatteten Grundstück zu wohnen. Dass im Garten überall Menschen umherliefen, gehörte wohl zu den Eigenarten der hiesigen Kultur.

Funaki bedauerte ein wenig, dass er kaum etwas wusste von Europa und den Deutschen. Was er sah, wirkte auf ihn überaus befremdlich, doch keineswegs unangenehm, wenn er von dem scheußlichen Essen absah. Zu einem anderen Zeitpunkt und bei einer anderen Gelegenheit hätte er sich gerne mehr mit dieser

Kultur beschäftigt. Doch er war wegen etwas anderem gekommen. Und es war höchste Zeit, dass er handelte.

An der Rezeption fand Funaki endlich etwas, das ihm weiterhalf. In einem mit edlen Hölzern verzierten Regal gab es verschiedene Farbprospekte, von denen eines in seiner Sprache abgefasst war. Er setzte sich in einen der schweren Ledersessel und blätterte neugierig durch das schmale Heftchen.

Es beinhaltete eine Übersicht der wichtigsten Sehenswürdigkeiten der Stadt. Ein Großteil der Fotos und des Textes war einem riesigen, kunstvoll verzierten Gebäude mit einem Turm an der Seite gewidmet, offenbar eine Art christlicher Tempel. Funaki schüttelte den Kopf. Dieses von den Einheimischen »Mun-se-te-le« genannte Gebäude als Hauptattraktion für jedermann? Ein merkwürdiges Volk.

Funaki blätterte weiter. Es gab zwei alte Türme, eine Bergbahn, dazu eine Menge weiterer Tempel, Denkmäler und vor allem Restaurants. Leider war von einem Japanischen Garten keine Rede. Noch nicht einmal von dem, bei dem er fälschlicherweise gelandet war.

Rasch schüttelte er die Erinnerung an den gestrigen Abend ab und ließ enttäuscht den Prospekt sinken. Mit einem Seufzer lehnte er sich in den Sessel zurück. Er sehnte sich zurück in die Abgeschiedenheit seines Klosters in den Bergen. Zurück zu Ruhe und Geborgenheit, zu seinen Mitbrüdern, seinem geregelten Tagesablauf.

Sein ehrwürdiger Meister hatte Funakis außergewöhnliche Bitte vorbehaltlos unterstützt. »Dein Gewand wirst du ablegen. Doch dein Herz wird dich begleiten!«

Mit diesen Worten hatte er ihm die Erlaubnis zu einem befristeten Urlaub gegeben, um die Ehre seiner Ahnen wiederherzustellen. Seiner Unterstützung war es zu verdanken, dass Funaki die Spur der Buddhafigur überhaupt gefunden hatte. Auch seine Schwägerin war sichtlich gewillt gewesen, das Unrecht ihres verstorbenen Gatten wieder gutzumachen. Sie hatte ihn nicht nur tatkräftig finanziell unterstützt, sondern für ihn von zu Hause aus bereits Flug und Hotel gebucht.

War es wirklich erst zwei Tage her, dass sie ihn am Flugplatz verabschiedet hatte? Jetzt saß er allein in einem fremden Land. Er hatte Hunger und war zum Mörder geworden.

»Excuse me, can I help you, Sir?«

Eine Frauenstimme ließ ihn herumfahren. Eine der Damen von der Rezeption war neben ihn getreten und lächelte ihm freundlich zu.

Funaki verstand kein Englisch. Doch an ihrem Stimmfall und ihren Augen erkannte er, dass sie nichts Böses von ihm wollte. Er stand auf und verbeugte sich. »Masao Funaki. Garden. Japan Garden«, stammelte er.

Die Dame lächelte weiter. »You are from Japan, Sir?«

»Japan. Japan.«

»Can I help you in any way, Sir?«

»Japan Garden. Matsuyama.«

Die Augen der Dame blitzten auf. »You are from Matsuyama, Sir? Welcome to Freiburg!«

»Matsuyama!« Funaki verbeugte sich erneut. Der Name der Freiburger Partnerstadt gab ihm Hoffnung.

»Do you speak English?«

»No English. Matsuyama. Matsuyama.«

Die Dame nickte. »Excuse me, Sir.« Sie ging zurück zum Tresen. Funaki beobachtete, wie sie aufgeregt mit einer ihrer Kolleginnen sprach. Kurz darauf kam sie zurück. Mit der Hand schwenkte sie einen weiteren Prospekt.

»Is it this, what you want, Sir?«

Mit einer Verbeugung nahm Funaki das Papier entgegen. Die vertrauten Schriftzeichen weckten in ihm neue Hoffnung.

»Japan Garden. Very beautiful place«, sagte die Dame so höflich sie konnte. Wenigstens dieses Mal schien sie ins Schwarze getroffen zu haben. Es war nicht immer einfach, den Wünschen der Hotelgäste nachzukommen. Im letzten Winter hatte sie eine Gruppe spanischer Fußballjournalisten zu Gast. Deren Wunsch nach einem Interview mit dem deutschen Bundestrainer hatte ihr wesentlich mehr Kopfzerbrechen bereitet.

»Arigato.« Funaki verbeugte sich vorsichtshalber ein weiteres Mal. »Arigato gozaimasu«, bedankte er sich, worauf die Dame lächelnd verschwand.

Funaki setzte sich und faltete mit klopfendem Herzen den Flyer auf. Schon das Foto auf der Begrüßungsseite zeigte ihm, dass es genau das war, wonach er gesucht hatte. Büsche, Bäume, ein kleiner Wasserlauf, kiesbestreute Wege, ein Wasserfall, der über Felsen nach unten sprang und in einen Teich mündete. Das war etwas anderes als das, was er am Tag zuvor in dem Tiergehege gesehen hatte.

Am meisten interessierten ihn jedoch die steinernen Laternen, die zwischen den Kirschbäumen und Azaleensträuchern hervorlugten. Mit Tür, Fenster und Dach waren sie kleinen Häuschen nachempfunden und wurden am Abend mit Kerzen erleuchtet.

Eine unterschied sich sehr deutlich von allen anderen. Sie stand etwas erhöht am oberen Rand des Wasserfalls und leuchtete schneeweiß. Das Besondere war, dass sie mehrere Dächer übereinander hatte, die nach oben hin kleiner wurden, so dass die Laterne mehr einem Turm als einem Haus glich.

»Die Pagode der immerwährenden Freundschaft!«, flüsterte Funaki. Das Herzstück des Gartens. Wenn sich der Buddha hier befand, musste ihn der Architekt an diesem Ort eingeschlossen haben.

Funaki spürte, wie Freude und Erleichterung in ihm aufstiegen. Jetzt trennte ihn nur noch wenig von seinem Ziel. Er würde das Andenken an die Ahnen und die Ehre der Familie wiederherstellen.

Sofort kehrte sein seit gestern arg erschüttertes Selbstvertrauen wieder zurück. Seine im Kloster über viele Jahre eingeübte Disziplin war etwas, das ihm jetzt half, sich wieder aufzurichten und die nächsten Schritte durchzuführen.

Noch einmal betrachtete er das Bild mit der Pagode. Der Architekt und der Priester hatten mit Sicherheit dafür gesorgt, dass das Herzstück der Freundschaft zwischen Freiburg und Matsuyama nicht ohne Weiteres für jedermann zugänglich war.

Er würde Werkzeug brauchen. In der Broschüre, die er zuerst in der Hand gehalten hatte, war ihm eine große Einkaufsstraße aufgefallen. Er stand auf, ging zum Empfang und deutete auf das Foto. Die Empfangsdame nickte.

»The main shopping mall in Freiburg. We call it Kajo.«

Funaki hob erstaunt den Kopf.

»Yes. The Kaiser-Joseph-Straße. Everybody calls it Kajo.«

»Ka-Ju?« wiederholte Funaki, der den übrigen Satz nicht verstanden hatte. War das etwa Japanisch?

»Yes, Kajo. Just a few minutes from here. You can walk there easily.«

Sie bedeutete ihm, ihr zu folgen. Vor der Eingangstür wies sie nach links zu einer Reihe dicht stehender Häuser. Darüber ragte der riesige Turm auf, den er von den Fotos wiedererkannte.

»Ka-Ju?«

»Just go straight on. You cannot miss it.«

Noch einmal verbeugte sich Funaki. Dann nahm

er seinen ganzen Mut zusammen und lief los. Schon nach ein paar Schritten kam er an dem hügeligen Park mit dem vornehmen Haus vorbei, das er von seinem Hotelzimmer aus gesehen hatte. Erneut sah er voller Staunen, dass auf dem gepflegten Rasen Gruppen von Menschen umherliefen, manche hatten es sich zum Essen, Trinken und Schlafen bequem gemacht. Funaki lächelte und schüttelte unmerklich den Kopf. Andere Länder, andere Sitten. Mochten die Menschen hier tun und lassen, was sie wollten.

Er war nicht der Einzige, der die Straße Richtung Innenstadt entlangging. Es war ihm recht. Die Menge bot ihm die Anonymität, in der er sich möglichst unauffällig bewegen konnte.

Autos fuhren hier keine, noch nicht einmal Fahrräder. Überall gab es kleine Geschäfte und Häuser, die nach Restaurants aussahen. Alles war bunt, laut und voller Leben. Staunend nahm Funaki die vielen fremden Eindrücke in sich auf. Was ihn allerdings völlig irritierte, war ein schmaler, in Stein eingefasster Bach, der schnurgerade am Rand der Straße entlang führte. Absperrungen gab es keine, und die Menschen um ihn herum bewegten sich mit größter Selbstverständlichkeit entlang der Wasserrinne. Funaki konnte sich beim besten Willen nicht erklären, wozu das gut sein sollte.

Die freundliche Dame im Hotel hatte recht gehabt. Schon nach kurzer Zeit gelangte Funaki zu einer Kreuzung, von der aus nach beiden Seiten eine breite Straße abbog. Auch hier gab es keine Autos, dafür erneut die merkwürdigen Wasserrinnen, dieses Mal eine an jeder Seite.

Und mehr Menschen, mehr Geschäfte, mehr Schaufenster. Musiker, Maler und Straßenkünstler buhlten um die Aufmerksamkeit der Passanten. Doch Funaki ließ sich nicht ablenken. Er konzentrierte sich jetzt völlig auf seine Aufgabe. Entschlossen betrat er eines der großen Kaufhäuser, dessen Türen weit offen standen.

Funaki stieg etliche Stufen auf und ab, fuhr Rolltreppen und Fahrstühle, landete im Keller und auf der Dachterrasse. Endlich fand er, wonach er suchte. In einer Abteilung für Handwerker wählte er einen großen und einen kleinen Hammer, dazu einen Meißel und ein Brecheisen. Er bezahlte und steckte alles in seine Reisetasche.

Auf dem Weg zurück zum Hotel dachte er an die bevorstehende Erfüllung seiner Aufgabe. Freude stieg in ihm auf. Er nahm sich sogar etwas Zeit, die Auslagen der kleinen Geschäfte links und rechts zu betrachten. Eine davon stach ihm sofort ins Auge. Ein Schaufenster voller Waffen! So etwas hatte er noch nie gesehen. Es gab Pistolen und Revolver in allen Größen, Säbel und Degen hingen an den Wänden. Dann sah er etwas, was sein Herz höherschlagen ließ. Er nahm seinen Mut zusammen und betrat kurzentschlossen den Laden.

Was er entdeckt hatte, lag direkt vor ihm in einer Vitrine unter dem Verkaufstresen. Messer! Echte japanische Messer, genau solche, wie er sie jahrelang in seiner früheren Zeit als Koch verwendet hatte. Die

Verkäuferin grüßte und fragte ihn etwas, das er nicht verstand. Funaki verbeugte sich und deutete auf die Vitrine. Sie zog eine der Schubladen heraus und legte verschiedene Messer vor ihn auf die Glasplatte. Funaki freute sich wie schon lange nicht mehr. Liebevoll fuhr er mit den Fingern über den mehrfach geschichteten Stahl und den schmucklosen und gleichzeitig höchst perfektionierten Griff. Am unteren Ende der Klinge fand er ein fein eingeprägtes Zeichen. Dieses Messer kam tatsächlich aus einer der anerkanntesten Manufakturen seines Landes. Funakis Herz schlug schneller. Es war ein Moment der Vertrautheit, ein Stück Heimat.

Und warum sollte er nicht …? Er nickte der Verkäuferin zu und zog seine Brieftasche heraus. Als Zugabe bekam er neben der Originalverpackung eine mit Küchenmotiven bedruckte Schmuckschatulle.

Als Funaki zurück auf die Straße trat, beschloss er, keine weitere Zeit zu versäumen. Er spürte, wie ein Teil seiner Seele zurückgekehrt war. Das Messer in seiner Tasche war ein Fingerzeig des Schicksals. Die Vergangenheit war lebendig. Jetzt musste er nur noch den letzten Schritt gehen.

Kurz vor seinem Hotel hielt ein paar Schritte von ihm entfernt ein Taxi am Straßenrand. Ein Mann mit gedecktem Anzug, dezent gestreifter Krawatte und einem matt schimmernden Lederkoffer stieg aus und verschwand sofort in einem der Bürogebäude. Kurz entschlossen trat Funaki zu dem Fahrer, der mit zufriedener Miene sein Trinkgeld zählte, und hielt ihm den Flyer entgegen.

»Japan Garden. Matsuyama.«

Der Fahrer warf einen kurzen Blick auf das Foto, dann nickte er. Funaki stieg ein und setzte sich auf den Rücksitz.

Kaum eine Viertelstunde später hielt der Wagen am Rand eines mit großen alten Bäumen bestandenen Parkplatzes. Dieser Teil der Stadt unterschied sich völlig von dem, wo er bisher gewesen war.

»Japan Garden?«, fragte Funaki vorsichtig.

Die lange Reihe niedriger Einfamilienhäuschen beiderseits der Straße bot keinerlei Hinweis darauf, dass es hier einen Park gab. Dennoch nickte der Fahrer. Er brummte etwas Unverständliches und wies mit dem Finger in Richtung der parkenden Autos. Er legte mit seinem Taxi eine enge Kehre hin und war kurz darauf verschwunden.

Funaki schulterte seinen Rucksack und lief los. Am hinteren Ende des Parkplatzes stand, umgeben von üppig grünenden Büschen, ein Kiosk am Rande eines Gartens. Was er hier sah, war für Funaki faszinierend und erschreckend zugleich. Mehrere leicht bekleidete Männer, Frauen und Kinder liefen innerhalb des mit einer Hecke umzäunten Geländes umher. Die meisten hielten einen langen, schmalen Metallstab in den Händen. Mit dessen unterem dicken Ende versuchten sie, eine weiße Kugel über kleine Wege, Brückchen, Hügel und andere Hindernisse in ein Loch zu befördern.

Für eine Weile sah Funaki fasziniert dem Treiben zu. Manche der Spieler fluchten oder schlugen mit ihrem Stock ärgerlich durch die Luft. Den meisten schien es jedoch durchaus Spaß zu machen. Sie schlenderten umher, tranken aus Plastikbechern, aßen Eis und redeten ununterbrochen.

Funaki riss sich von dem in seinen Augen höchst exotischen Geschehen los und lief weiter. Ob seine Mitbrüder zu Hause glauben würden, was er ihnen erzählte? Was würde sein Meister dazu sagen? Würde er ihn an die Stille des Geistes erinnern, die Voraussetzung dafür war, die höchsten Ziele zu erreichen?

Ein paar Schritte weiter sah Funaki, dass der Taxifahrer ihn dieses Mal an den richtigen Ort geführt hatte. Hinter einem langgestreckten modernen Gebäude mit einem Restaurant öffnete sich ein weites Areal. Inmitten sanft geschwungener grasbewachsener Hügel lag ein See. Er war etwa 100 Meter breit und so lang, dass Funaki das entgegengesetzte Ufer nur undeutlich erkennen konnte. Kleine Boote zogen in der Nachmittagssonne glitzernde Wellenspuren hinter sich her, ab und an tauchte der Kopf eines Schwimmers auf. Am nahegelegenen Ufer stand auf einer vorspringenden Landzunge eine Art Tempel mit Sandsteinkuppel und schön geschwungenen Bögen. Davor plantschten Kinder im flachen Wasser, überall im Gras verstreut saßen und lagen Menschen auf Decken und Tüchern.

Dahinter entdeckte Funaki endlich das Ziel seiner Suche. Etwas abseits, durch einen kräftigen, brusthohen Metallzaun vom übrigen Gelände abgeteilt, lag der Japanische Garten.

Das hohe, mit einem Dach gekrönte, zweiflügelige Holztor stand weit offen. Der Boden davor war mit Pflastersteinen befestigt, in dessen Mitte zwei Wappen eingelassen waren. Eines stellte zwei stilisierte Kiefernbäume auf einem Berg dar, das Wahrzeichen von Matsuyama. Das große Kreuz auf dem Wappen daneben gehörte wahrscheinlich zu Freiburg.

Funaki faltete die Hände vor die Brust und sprach ein paar Dankesworte, dann trat er ein. Direkt hinter dem Tor ragte ein blank polierter, schwarzer Gedenkstein auf. Die Schriftzeichen aus seiner Heimat erinnerten an die immerwährende Freundschaft beider Städte. Der Garten war ein Geschenk an Freiburg gewesen.

Hinter dem Stein öffnete sich ein Park, in dem sich Funaki sofort wie zu Hause fühlte. Eine Welt im Kleinen, kunstvoll erdacht und arrangiert, wie es nur japanische Gartengestalter beherrschen. In den Formen der akkurat geschnittenen Büsche bildeten sie die Wolken des Himmels ab, die wechselnden Richtungen und Verzweigungen der kiesbestreuten Pfade wiesen auf Wege und Irrwege der Menschen. Überall verbanden fließendes Wasser und der Duft tausender Blüten Seele und Sinne, Himmel und Erde.

Funaki ließ sich erleichtert auf einen der Zierfelsen nieder. Er hatte es geschafft. Nach langen Flugstunden und Tausenden von Kilometern hatte er, Masao Funaki, sein Ziel erreicht. Tränen schossen ihm in die

Augen. Aus den reich blühenden Azaleenbüschen blickten die stolz lächelnden Gesichter seiner Eltern auf ihn. Das liebevoll-strenge Antlitz seines Meisters kam ihm ebenso entgegen wie die Silhouette seines Bruders, dessen Leichtsinn er schon bald tilgen und rückgängig machen würde.

Überall dazwischen standen die Steinlaternen. Sie verbargen sich inmitten der blühenden Büsche, zwischen Zwergzypressen und Rotahorn, oder standen frei auf einem Fels inmitten gluckernden Wassers. Und an der höchsten Stelle des Gartens sah er weithin strahlend in ihrer geordneten Schönheit die Pagode.

Sein Ziel war nur noch wenige Schritte entfernt. Doch Funaki musste einsehen, dass er sich noch gedulden musste. Es war noch zu früh. Allmählich drang in sein Bewusstsein, dass es außer ihm noch etliche andere Besucher gab. Der Garten war voller Menschen. Kinder kletterten auf den Felsen herum, begleitet von besorgten Blicken ihrer Mütter. Kichernde Teenager knipsten reihenweise sich und die anderen, Handynachrichten wurden verschickt, Touristen mit Kameras suchten nach passenden Motiven für das Erinnerungsalbum. In den lauschigen Nischen saßen Liebespaare.

Unmöglich konnte Funaki inmitten all dieser Menschen nach dem Buddha suchen. So schwer es ihm auch fiel, er war gezwungen zu warten. Mit einem Seufzer ließ er sich am Rande eines etwas abseitsstehenden Pavillons auf einer Steinbank nieder. Die Aufregung, die Ungewissheit und die Angst fielen von ihm ab. Das

Gezwitscher der Vögel und das sanfte Plätschern des Wassers ließen ihn rasch einschlafen.

Als er mit schmerzendem Nacken wieder aufwachte, war es fast dunkel. Er brauchte eine Weile, bis er sich erinnerte, wo er war. Der Park um ihn herum lag jetzt in der Abendstille. Kein Mensch war mehr zu sehen. Nur der Wasserfall plätscherte weiter vor sich hin.

Funaki sah auf die Uhr. Es war kurz nach zehn. Er lauschte noch eine Weile, dann streckte er sich, schüttelte sein eingeschlafenes Bein und stand auf. Die Nacht war hell genug, dass er ohne Mühe die Felsen entlang des Wasserfalls emporklettern konnte. Als er die Pagode erreichte, genoss er für einen Moment den Ausblick. Direkt unter ihm lag der See, dessen Uferweg mit Lichtergirlanden erleuchtet war. Weit am östlichen Horizont war der Himmel durch den sanften Lichtschimmer der Stadt erhellt, deren Häuser wie 1.000 Glühfunken auf einem schwarzen Samtkissen verstreut lagen.

Es war ein würdiges Szenario für den allerletzten Schritt. Funaki wandte sich zu der Pagode und schritt einmal langsam herum. Auf der Rückseite entdeckte er eine steinerne Platte, die rechteckig in den Sockel eingelassen war. Funaki kniete auf den Boden, öffnete seinen Rucksack und holte Hammer und Meißel heraus. Vorsichtig begann er, den Rand der Platte aufzuklopfen.

Der Stein bot überraschend wenig Widerstand. Schon mit wenigen Schlägen war es ihm gelungen, ein Loch herauszubrechen, in dem er das Brecheisen ansetzen konnte. Mit einem kräftigen Ruck stemmte er den Rest der Platte heraus. Funakis Herz klopfte, als er in die dunkle Höhlung hineinsah.

»Was machen Sie denn da oben?«

Die Stimme klang laut und wenig freundlich. Funaki fuhr herum. Auf dem Weg vor dem Wasserfall stand ein Mann in Uniform. An der Leine hielt er einen Hund, der drohend seine Zähne zeigte und aufgeregt nach vorne zerrte.

Funaki verharrte regungslos. Der Mann musste ein Parkwächter sein. Vielleicht sogar ein Polizist.

»Kommen Sie sofort herunter. Oder ich lasse den Hund los!«

Funaki war verzweifelt. Er würde nicht erklären können, was er gerade machte. Niemand würde ihm glauben. Im nächsten Moment sah er, wie der Uniformierte die Leine am Halsband des Hundes löste. Sofort stürzte das Tier vorwärts und sprang die Felsen hinauf.

Funaki fasste das Brecheisen fest mit beiden Händen und erwartete den Angriff. Er konnte jetzt unmöglich aufgeben.

Masao Funaki nahm den Rucksack von der Rückbank und drückte der Taxifahrerin seine restlichen Euroscheine in die Hand.

»Guten Flug!« Die Frau bedankte sich für das üppige Trinkgeld, ehe sie sich wieder auf den Rückweg nach Freiburg machte.

Funaki überquerte die Straße und betrat die riesige Empfangshalle des EuroAirports vor den Toren Basels. Die Hostess hinter dem Schalter der Japan Airlines begrüßte ihn mit fließendem Japanisch.

»Bitte denken Sie daran, dass Sie keine Explosivstoffe, Waffen oder andere gefährliche Gegenstände in Ihrem Handgepäck mit an Bord nehmen dürfen. Zum Check-In bitte Schalter 17. Ihr Flug startet in 90 Minuten.«

Funaki bedankte sich und verabschiedete sich mit einer Verbeugung. Den Rucksack mit dem Messer und ein paar Kleinigkeiten gab er am Schalter auf. Auf das Messer wollte er nicht verzichten. Es hatte ihn einige Zeit gekostet, den Hund und den Mann derart zu bearbeiten, dass er die Teile unauffällig verschwinden lassen konnte. In der Hand eines erfahrenen Kochs wurde ein perfektes Küchenmesser zu einem perfekten Werkzeug. Und er hatte nichts von seiner Kunst verlernt. Die Fische im See würden in kurzer Zeit den Rest besorgt haben.

Mit einer kleinen Tasche als Handgepäck passierte Funaki ohne Probleme den Zoll und die Sicherheitsschleuse. Die Kontrolleure lächelten höflich, keiner stellte Fragen. Funaki verstand weder den Kommentar des Schweizer Beamten noch den seines französischen Kollegen.

»Was es it alls git. Schwarzwälder Kirschtorte in Dosen. Dene Japaner muess verruggt si!«

»Ils sont fou, les Japonais!«

Während er auf den Boarding-Aufruf wartete, saß Funaki entspannt in einem der Wartesessel. Liebevoll strich er mit den Fingern über das Souvenir, das er aus Freiburg mitgebracht hatte. Keiner war auf die Idee gekommen, den Inhalt nachzuprüfen.

Funaki nickte zufrieden. Die Ehre seiner Familie war wiederhergestellt.

(Gewidmet dem Andenken an meinen leider viel zu früh verstorbenen Freund Yusuke K.)

FREIZEITTIPPS (MUNDENHOF, LEHEN, INNENSTADT, SEEPARK):

Mundenhof

Im kleinsten Freiburger Stadtteil befindet sich das größte Tiergehege Baden-Württembergs. Eröffnet 1968 ist es bis heute eines der beliebtesten Familienausflugsziele der Stadt. Schwerpunkte sind Haus- und Nutztierrassen aus aller Welt, dazu einige Wildtierarten wie Affen und Bisons. Die Gehege sind nach Erdteilen geordnet. Zahlreiche Aktionen für alle Altersstufen.

ZMF

Zelt-Musik-Festival. Eines der ältesten und traditionsreichsten Musikfestivals in Süddeutschland. Seit 1983 kommen über 100.000 Besucher alljährlich im Juni / Juli auf das Gelände neben dem Mundenhof-Tiergehege. Die Besonderheiten sind das Große Zirkuszelt sowie weitere Zelte und Freiluftbühnen. Drei Wochen lang gibt es täglich Konzerte aller Musikrichtungen, dazu Kunst, Kabarett, Theater. Tagsüber Kinderprogramm.

Jos-Fritz-Bundschuh-Eiche

Skulptur des Freiburger Bildhauers Thomas Rees, 2013 auf dem Platz vor der Bundschuh-Halle in

FR-Lehen errichtet. Ausgangs- und Endpunkt des Bundschuhpfades. Die Skulptur ist aus einer zirka sechs Meter hohen Eiche geschnitzt und erinnert mit ihren mittelalterlichen Symbolen an Jos Fritz. Er war einer der Anführer des Bundschuhaufstands von 1513, einem Vorläufer der späteren Bauernaufstände.

Bundschuh-Rundweg

Zirka 3,5 Kilometer langer Themenpfad am Ortsrand von Lehen. An 14 verschiedenen Stationen werden chronologisch die wichtigsten Ereignisse des Bundschuhaufstandes und zu Jos Fritz dargestellt. Schöne Panoramaausblicke auf Freiburg und den Schwarzwald.

Colombipark

Die reizvolle Parkanlage mit Blumenrabatten, Springbrunnen und Kleinplastiken liegt am westlichen Rand der Altstadt. Mittelpunkt ist das Colombischlössle auf einem kleinen Hügel einer ehemaligen Bastion der einstigen Vaubanschen Stadtbefestigung. Sitzbänke unter schattigen Bäumen laden zum Verweilen ein. Ein kleiner Weinlehrpfad informiert über Rebsorten und deren Anbau und erinnert an die frühere Nutzung des Geländes als Rebberg.

Besonders bekannt ist der Schneckenreiter-Brunnen. Die von den Freiburgern »Schnecklereiter«

genannte Figur zeigt einen nackten Jungen, der auf einer Schnecke sitzt. Die Plastik wurde 1906 von dem Bildhauer Konrad Taucher entworfen.

Colombischlössle

Ehemaliges Herrenhaus im gotischen Tudorstil im Colombipark. Seit 1983 Archäologisches Museum für Ur- und Frühgeschichte. Hier wird die Welt der Kelten und Römer am Oberrhein lebendig. Kernstück ist die alemannische Schatzkammer mit kostbaren Gräberfunden. Regelmäßige Sonderausstellungen.
Für kurze Zeit war das Colombischlösschen politischer Mittelpunkt des Landes. Von 1947 bis zum Anschluss an das neu geschaffene Baden-Württemberg 1952 regierte Leo Wohleb als Ministerpräsident des damals selbständigen Bundeslandes Baden. Die Räume der ehemaligen Badischen Staatskanzlei sind heute noch zu besichtigen.

Bächle

Im Mittelalter entstandenes Netz von künstlichen kleinen Wasserläufen, das heute auf 16 Kilometern verteilt ober- und unterirdisch die ganze Kernstadt durchzieht. Die Bächle dienten früher als Viehtränke, Regenüberlauf und zur Entsorgung. Bei der allgegenwärtigen Brandgefahr Nutzung als Löschwasser.

Heute sind die Bächle Spielplatz für Kinder mit Schiffchen und Hunde mit heißen Pfoten. In der südbadischen Sommerhitze sorgen sie für ein angenehmeres Klima. Drei hauptamtliche Bächleputzer halten die lebendigen Adern der Stadt sauber.
Aufgepasst: Wer aus Versehen in ein Bächle tritt, wird eine Freiburgerin heiraten. Sagen die Freiburger.

Wallgrabentheater

Von Studenten 1953 gegründet, ist es eines der ältesten Privattheater Deutschlands. Einer der Gründer war Heinz Meier (gestorben 2013), bekannt durch seine Zusammenarbeit mit Vicco von Bülow. Loriot-Sketche seit 1975. Seit über 40 Jahren One Man Theatre mit Brian Barnes (*A Christmas Carol*).

Kajo / Kaiser-Joseph-Straße

Zentrale Einkaufsstraße und Fußgängerzone zwischen Siegessäule und Martinstor. Ursprünglich als »Große Gass« zentrale Nord-Süd-Verkehrsachse. Später in Kaiser-Joseph-Straße umbenannt zur Erinnerung an den Besuch des österreichischen Kaisers Joseph II. im Jahr 1770. Von den Freiburgern liebevoll »Kajo« genannt.

Seepark

Naherholungsgebiet im Stadtteil Betzenhausen. Entstanden auf dem Gelände der Bundesgartenschau 1986 rund um den Flückigersee, einem ehemaligen Baggersee. Zahlreiche Erholungsmöglichkeiten: Seepromenade mit Bühne, Liegewiese, Boule und Minigolf, Bootsverleih, Rundweg, Tempelchen, Seeparkturm, Ökostation und Japanischer Garten.

Ökostation

Umweltbildungszentrum des BUND Regionalverband Südlicher Oberrhein – Aktion Umweltschutz e.V., am Seepark im Freiburger Westen. Mittelpunkt ist ein ökologisches Niedrigenergiehaus mit naturnah angelegtem Außengelände mit Pavillon, Heilkräutergarten, Nutzgarten und Gartenhäuschen. Zahlreiche öffentliche Veranstaltungsreihen, Seminare und Workshops zur Umweltbildung.

Japanischer Garten

Der Japanische Garten liegt am Rande des Seeparks. Der Garten wurde 1990 unter Anleitung eines Architekten aus der Freiburger Partnerstadt Matsuyama angelegt. Die Gestaltung mit Pflanzen, Wegen, Wasserläufen, kleinen Brücken und japanischen Steinlaternen beschreibt symbolhaft auf engstem Raum den Weg des Wassers von der Quelle in den Bergen bis zum Meer (hier Flückigersee).

6. DIE SCHLAFENDE SCHÖNE

»Im Jahre 1867 starb die damals erst 17-jährige Caroline Christine Walter aus Opfingen an einem Lungenleiden. Seither werden auf ihr Grab im alten Friedhof an jedem Tag frische Blumen gelegt. Bis heute weiß niemand, wer der oder die Unbekannte ist. Ein Romantiker? Ein Scherzbold? Ein Angestellter der Freiburger Stadtverwaltung? Es ist ein Geheimnis, ein Mysterium. Und es soll wohl für alle Zeiten eines bleiben.«

Vollkommen geil.

Patrick Neumann schloss den Deckel seines brandneuen Macs, ein Geschenk seiner Eltern zum Start seines Praktikums. Ultraflach, die gebürstete Oberfläche glänzte matt in der Morgensonne, die sich seit einer Stunde über den Roßkopf, den Freiburger Hausberg im Osten der Stadt, emporkämpfte. Patrick schlang den Rest seines zweiten Croissants hinunter und trank seinen Cappuccino aus.

Aufgeregt trommelte er mit den Fingern auf die Tischplatte. Sein Blick fiel auf den Münsterturm, der vor seinen Augen über die Dächer der Freiburger Altstadt emporragte. Vielleicht war es doch nicht so übel, dass er hier in der Provinz im deutschen Südwesten gelandet war. Denn was er hier gefunden hatte, war nicht weniger als eine journalistische Sensation.

Wenn er ehrlich war, war es natürlich vermessen gewesen, zu glauben, dass er zu Beginn seiner journalistischen Karriere sofort bei einem der Platzhirsche im deutschen Zeitungs- und Zeitschriftenwesen unterkommen würde. Zwar hatte er sich überall beworben, doch Faztaz und Sternspiegelfocus hatten ihm lediglich knapp gefasste, maschinelle, vorgefertigte Absageausdrucke zukommen lassen. »Wir wünschen Ihnen weiterhin alles Gute.« Immerhin hatte er es versucht. Dass am Ende eine Anstellung bei einer werbefinanzierten Wochenzeitung in Freiburg herauskommen würde, hätte er sich nicht träumen lassen.

Na schön. Er würde klein anfangen. Aber er würde nicht lockerlassen. Diese Reportage würde der Anfang sein. Und irgendwann würde er oben mitmischen. Ganz oben.

Immerhin war die Stadt gar nicht so übel. Gleich in den ersten Tagen hatte er die idyllische Dachterrasse eines Kaufhauses in der Stadtmitte entdeckt. Hier gab es ein Restaurant, gemütliche Sitzplätze und bei gutem Wetter im Freien den atemberaubenden Blick auf den Münsterturm und die Dächer der Stadt als Zugabe.

Es gab anderes, was für ihn schwieriger war. Die Atmosphäre der Stadt war angenehm, zugegeben. Doch für ihn als mitteilungsfreudigen Rheinländer ziemlich gewöhnungsbedürftig.

Hier im Südwesten Deutschlands ging alles etwas langsamer vorwärts, etwas verschlafen, etwas allzu gemütlich für seinen Geschmack. In der Redaktion war es genauso. Die Altgedienten um ihn herum waren freundlich, hilfsbereit und ließen sich ohne Murren über die Schultern schauen. Doch pressemäßig schien man hier einen generationenlangen Waffenstillstand ausgerufen zu haben. Keiner tat keinem weh und wurde im Gegenzug in Frieden gelassen. Seine Kolleginnen und Kollegen hatten ihm dies von Beginn an deutlich gemacht. Hiesige Aufreger beschränkten sich auf Erhaltung von Biotopen, den sozialen Wohnungsbau und gelegentliche Promibesuche.

Ein heftiger Verriss über schlechte Leistungen des SC Freiburg? Forderung nach Trainerentlassung? Fehlanzeige. Das Liebesleben des OB? Bauskandale? Korrupte Banker? Fehlanzeige. Patrick schüttelte den Kopf, als er an seine Heimatstadt dachte. Dort stürzte sich die Presse mit Genuss auf jede Sensation, ob echt oder angeblich. Und die Leser setzten genüsslich fort, was die Journalisten ausgegraben hatten, sei es zu Hause oder in einer der unzähligen Kneipen.

Sechs Monate Praktikum hatte er vereinbart. Die Bezahlung war dürftig und nur ein Bonus für die saftige Zimmermiete. Doch natürlich war der Job besser als gar nichts und machte sich allemal gut in seiner noch schmalen beruflichen Vita.

Und jetzt war er eher beiläufig über eine Sache gestolpert, die einiges ändern würde. Man könnte mal wieder etwas über den Friedhof in Herdern machen, hatte der Chef in der Redaktionskonferenz vorgeschlagen. Noch ehe Patrick sich von seiner Verwunderung über dieses bahnbrechende Thema erholt hatte, hatte er seinen Namen gehört.

»Herr Neumann, das wäre doch etwas für Sie! Die Kolleginnen und Kollegen haben sich alle schon einmal daran versucht. Ich bin sicher, Sie werden aus dem Thema etwas Neues herausschlagen!«

Patricks Blick in die Gesichter der Anwesenden hatte befürchten lassen, dass da nicht viel zu holen sein würde. Gleichwohl hatte man ihm freundlich zugenickt und ihm alles Gute für die erste eigene Reportage gewünscht.

Ein vorwitziger Spatz landete direkt auf der Lehne seines Nachbarstuhls und sah sich aufgeregt nach den Resten des Frühstücks um. Patrick kippte die übrigen Krümel auf den Boden, worauf sich der Spatz mitsamt seiner gesamten Verwandtschaft in einem wilden Knäuel darüber hermachte. Patrick schob den Mac in seinen Rucksack und stand auf. Am besten würde er sich das Ganze gleich einmal vor Ort ansehen.

Während er die Rolltreppe nach unten fuhr, ließ er sich auf seinem Tablet eine Wegbeschreibung anzeigen. Der Friedhof war nicht allzu weit von der Innenstadt entfernt. Patrick entschloss sich, zu Fuß zu gehen.

Lilien.

Wann immer es geht, nehme ich Lilien. Keine andere Blume birgt in sich so viel Reinheit, solche Unschuld.

Weiße Lilien müssen es sein. Unbefleckte Seele. Symbol der Heiligen Jungfrau. Als der Erzengel ihr das Unglaubliche verkündet, was auf Erden je die Ohren eines Weibes vernommen hat, reicht er ihr die Lilie.

Alle Künstler der Kirchengeschichte haben das gewusst und umgesetzt. Die Maler vor allem. Dieses wunderbare Bild aus dem Museum, ich könnte es wieder und wieder anschauen! Der Blick des Engels und der Blick der Jungfrau treffen sich in völliger Hingabe. Gott selbst ist da. In diesem Moment.

Der vom elektronischen Stadtführer vorgeschlagene Weg führte Patrick schon nach wenigen Schritten zu einer belebten Ringstraße. Er überquerte die schlanke Fußgängerbrücke und den dahinterliegenden Stadtpark. Am Ausgang blieb sein Blick kurz an einem überdimensionalen Denkmal hängen. Eine zehn Meter hohe, wuchtige Steinsäule, gekrönt von einem mit Eichenlaub umkränzten Stahlhelm. Ein seltsamer Kontrast zu dem fröhlichen Treiben im Park. Patrick schüttelte den Kopf. Am Rande der Innenstadt hatte er gleich in seinen ersten Tagen ein weiteres, riesiges Kriegerdenkmal mit einer Siegesgöttin gesehen. Seltsam. Es passte so gar nicht zu dem Image der friedfertigen, beschaulichen Stadt am Rande des Schwarzwaldes. Vielleicht war das bereits der Stoff für seine nächste Reportage.

Doch für dieses Mal hatte er anderes vor.

Heute ist es ruhig. Das übliche Publikum. Die History-Today-Stadtführung, pünktlich und regelmäßig, zweimal in der Woche in den Sommermonaten. Gut besucht, wie immer. Ein paar romantische Schauergeschichten, ein bisschen Mord und Totschlag. Das kommt an. Und immer als Höhepunkt das Grab mit den frischen Blumen.

Mein Grab.

Früher war das anders. Als der Vater noch gelebt hat. Da kam nur alle paar Wochen einmal ein Reisebus vorbei, Amerikaner meistens. Die mögen das. Haben ja selbst nicht viel Kultur. Heute kommen viel eher Spanier und Japaner, aber meistens sind es Deutsche und Schweizer. Die Reiseleiter von History sind kostümiert, als Totengräber oder Nachtwächter. Sie erzählen alle möglichen Geschichten. Die von dem Schmiedegesellen natürlich, der seinem Meister einen Nagel in den Kopf geschlagen hat, um dessen Frau zu bekommen. Den Nagel haben sie Jahre später mit Hilfe einer Kröte gefunden, als die Leiche umgebettet wurde. Da war es rasch vorbei mit dem Schmiedegesellen und seiner Komplizin. In jenen Zeiten reagierte die Obrigkeit drastischer als heute.

Wenn die Zeit reicht, gehen sie noch zum Grab der Knies, das mögen die Schweizer besonders, die Familie hat ja lange dort gelebt. Die Artisten waren damals zu Besuch in Freiburg. Der Vater ist abgestürzt, vor Hunderten Schaulustigen, über dem Münsterplatz.

Viele Geschichten gibt es hier. Aber immer kommen die Gäste wegen ihrem Grab. Dem Grab mit den Blumen, die täglich frisch von unbekannter Hand in ihre Arme gelegt werden. Seit 1867. So steht es inzwischen sogar in den Reiseführern.

Ein Unbekannter. Das gefällt den Leuten. Es gibt kaum noch Geheimnisse in der heutigen Zeit. Vielleicht ist es die Sehnsucht nach der Verzauberung der Welt.

Das dichte Laubwerk der alten Bäume spendete angenehmen Schatten vor der heraufziehenden Hitze des Tages. In diesem Teil der Stadt war kein Mensch auf den Straßen. In den Gärten der herrschaftlichen Häuser links und rechts schien die Zeit stehengeblieben zu sein. Nur die Autos in den Parkbuchten und Einfahrten erinnerten Patrick daran, dass er sich keinen Kilometer vom quirligen Zentrum der Stadt befand.

Die schmale hellblaue Linie auf dem Display seines Tablets wurde in der Realität durch eine mannshohe Mauer unterbrochen. Am Ende der Querstraße lag der Friedhof. Patrick entdeckte eine unscheinbare Metalltür mit einem angerosteten Schild: Täglich geöffnet bis Sonnenuntergang.

Die Tür war nur angelehnt und quietschte ein wenig, als Patrick eintrat.

Auf den ersten Blick sah es aus, als sei er in einem verwilderten Park gelandet. Auch hier gab es die hohen, alten Bäume, die ihre dunklen Laubkronen dem Sommerhimmel entgegenwölbten. Darunter wetteiferten meterhohe Büsche und Sträucher um die spärlichen Sonnenstrahlen. Überall dazwischen wucherte Gras, an manchen Stellen hüfthoch, dazwischen wuchsen bunte Wiesenblumen. Die Luft war erfüllt von Vogelgezwitscher und dem Duft wilder Heckenrosen.

Von der Stelle aus, an der Patrick hereingelangt war, führte ein schmaler Weg geradeaus weiter in den Park hinein, andere zweigten nach links und rechts ab. Jetzt erst bemerkte er, dass an der Rückseite der Umfriedungsmauer in beide Richtungen Grabstätten lagen. So weit er blicken konnte, reihte sich eins ans andere.

Nach kurzem Überlegen wandte sich Patrick nach links. Mit jedem Schritt staunte er mehr. Zerfallene Reliefs, Gedenksteine mit verwitterten Inschriften, steinerne Engels- und Marienfiguren und Kreuze in allen Größen und Formen zeugten von einer fast schon vergessenen Vergangenheit. An etlichen Stellen hatte sich die üppige Natur das eigentliche Grab längst wieder zu Eigen gemacht. Ebenso gab es aber auch immer wieder Anzeichen dafür, dass die Gräber heute noch besucht wurden, Grüße von Hinterbliebenen, deren Besuch schon Monate zurücklag – ein abgebranntes rotes Friedhofslicht, ein verwaschenes Blatt Papier in einer Folie, ein von Tieren angeknabberter Wachsblumenstrauß.

Meter um Meter lief Patrick die Reihen der Gräber entlang. Der Friedhof war beträchtlich größer, als er ihn sich vorgestellt hatte. Nach etwa zehn Minuten bog er nach rechts ab. Die Wege waren offenbar das Einzige, was einigermaßen gepflegt wurde. Alles andere schien in der Zeit stehengeblieben zu sein, genauso wie die Gärten der Wohnhäuser auf dem Weg hierher.

Es gibt Tage, da bräuchte ich gar nicht hin. Meist in der kalten Jahreszeit, wenn das Wetter unfreundlich ist, wenn der Nebel vom Roßkopf heruntersteigt, oder wenn es geschneit hat. Manchmal liegt schon eine Blume da, wenn ich komme. Manchmal sehe ich sie noch kurz, ehe sie wieder verschwinden. Meistens sind es dieselben. Einer der Friedhofsgärtner zum Beispiel. Seit 12 Jahren schon. Oder die Dame mit dem Pudel. Die ist bestimmt schon weit über 70. Bei ihr muss es immer etwas Besonderes sein. Freesien zum Beispiel. Oder auch mal eine Bougainvillea. Sehr apart, gefällt mir gut. Oft kommen auch junge Leute, Studenten, nehme ich an. Meist zu zweit. Sie legen Blumen ab, küssen und umarmen sich. Das gefällt mir. Seit einiger Zeit machen sie auch Fotos

mit ihren Mobiltelefonen. Das gefällt mir weniger. Auf mich wirkt das zu distanziert.

Auch in diesem Teil des Gartens gab es überall Grabstätten. Manche waren kaum mehr zu erkennen, andere stemmten sich mühsam gegen den Zerfall und den unaufhörlichen Ansturm der Natur. Patricks Blick blieb an einem etwa meterhohen Torso hängen, der ein paar Schritte vom Weg entfernt mitten in der Wiese stand. Der nackte Körper auf dem steinernen Podest glich dem eines Kindes, auf dem Rücken waren Stummeln von Flügeln zu erkennen. An der Stelle des fehlenden Kopfes lagen Reste einer roten Blüte.

Ob dies das Grab der geheimnisvollen Schönen war?, schoss es Patrick durch den Kopf. Die Blüte sah aus, als läge sie noch nicht lange. Er trat ein paar Schritte näher. Nein, das konnte es nicht sein. Er erinnerte sich an eine ältere Reportage mit einem Foto, das er im Archiv der Redaktion gesehen hatte. Dies zeigte eine Grabplatte und eine Inschrift – beides war hier nicht zu sehen.

Patrick stieß einen Seufzer aus und bahnte sich durch das Gras den Weg zurück zum Weg. Irgendwie musste er sie finden. Er nahm sich vor, den ersten, der ihm begegnete, zu fragen. Doch es war, als hätte der Ort jegliches menschliches Leben verschluckt. Weit und breit war niemand zu sehen. Er war allein mit dem üppigen Grün und den schweigenden Erinnerungen.

Natürlich komme ich trotzdem jeden Tag. Zweimal mindestens. Morgens und abends. Schließlich muss ich sicher sein, dass alles weitergeht. Manchmal lege ich meine Blume daneben. Die welken Blumen nehme ich mit. Merkwürdig, dass noch nie jemand nach den alten Blumen gefragt hat. Aber so sind die Menschen. Leicht abzulenken. Unzuverlässig. Deshalb bin ich bereit, jeden Tag. Es darf keine Unterbrechung geben.

Es wird keine Unterbrechung geben.

Inzwischen hatte er längst die Orientierung verloren. Gerade, als er meinte, auf der anderen Seite des Friedhofs angelangt zu sein, mündete der Weg in einen kleinen, offenen Platz. Zu beiden Seiten standen einfache Ruhebänke, in der Mitte ragte auf einem Sockel ein etwa zwei Meter hohes Steinkreuz empor. Auf der Rückseite stand eine kleine Kapelle, deren Eingang unter einer Arkadenreihe im Halbdunkel lag.

Am Fuße des mit graugrünen Flechten besprenkelten Sandsteinkreuzes grinste ihm ein täuschend echt wirkender Totenschädel entgegen. In seinem linken Auge steckte ein dicker Nagel, aus dem Ohr kroch eine fette Kröte. Patrick zückte seine Handykamera. Im selben Moment fuhr er erschrocken zurück. Über das Gesicht des Tieres lief ein silbriger Wassertropfen. Die Kröte weinte!

Ein lauter Knall zerriss die Friedhofsruhe. Eine kühle Windbö fuhr Patrick in den Rücken. Gleichzeitig öffnete der Himmel seine Schleusen für ein plötzliches Sommergewitter. Sekunden später begann es heftig zu platschen. Mit raschen Sätzen flüchtete Patrick unter den offenen Vorbau der Kapelle. Es sah ganz so aus, als müsse er sich gedulden und auf einen längeren Aufenthalt einrichten.

Die Tür zur Kapelle war abgeschlossen, die beiden Fenster waren mit hölzernen Läden zugesperrt. Die Wand über der Tür zeigte halb verblasste Malereien von unzähligen Figuren. Patrick kniff die Augen zusammen. Er sah Männer und Frauen in verschiedenen Lebenssituationen, als Arzt, Richter, Priester, Bauer, Schmied, sogar ein König war dabei. Jeder hatte ein Skelett an seiner Seite, das mit ihm zu sprechen schien.

»Der Tod ist überall. Am Ende muss jeder mit.«

Patrick fuhr herum. Erst jetzt erkannte er den schmächtigen Mann, der im Halbdunkel in der Ecke auf einer Bank saß.

»Stimmt.« Patrick fing sich rasch. »Früher hatten sie eine ziemlich drastische Darstellungsweise, finde ich.« Er dachte an den Schädel mit dem Nagel und der Kröte.

»Der Tod ist Teil des Lebens«, hörte er den Mann sagen. Seine Stimme klang eigenartig monoton, so als höre er sich selbst zu.

»Arbeiten Sie hier? Ich meine, haben Sie mit dem Friedhof zu tun?«, fragte Patrick.

»Er holt sie alle irgendwann. Reiche und Arme, Alte und Junge. Manche zu jung.«

Der Mann sah ihn nicht an. Sein Blick verlor sich irgendwo in der flirrenden Wassermasse vor der Kapelle. Erst jetzt sah Patrick, dass er eine Blume in der Hand hielt. Er kannte sich nicht aus mit Blumen, aber eine solche hatte er erst kürzlich auf einem Foto gesehen. Eine langstielige weiße Lilie, die Blüten halb geöffnet. Bestimmt gehörte der Unbekannte zu denen, die heute noch ab und zu das Grab längst verstorbener Verwandter besuchten. Bestimmt wusste er, wo das Grab war, das Patrick suchte. Er würde ihn fragen.

Doch. Ich kann auch böse werden. Sehr böse. Wenn jemand versucht, die Andacht zu stören. Denn nichts anderes ist es. Das Gedenken an eine große Liebe. Wer die Andacht stört, hat keinen Respekt vor diesem Gedenken. Was wissen die Leute schon! Sie war noch kaum 17. Eine Lilie, eben frisch erblüht. Wer kann den Schmerz empfinden, als der Tod sie hinwegraffte? Die unendliche Trauer der geliebten Schwester. Und die abgrundtiefe Verzweiflung dessen, der sie liebte und verehrte. Dem das Herz aus der Brust gerissen wurde. Den nur die Treue zu den Lebenden davon abhielt, ihr in derselben Stunde nachzufolgen. Für immer mit ihr vereint zu sein in einer Welt, in der es keine Trauer gibt.

Die kleinen Verfehlungen kann ich leicht ausgleichen. Es gibt immer wieder Respektlosigkeiten. Manche legen die Blumen auf das Nachbargrab, manche nehmen die Blumen wieder weg oder ver-

stecken sie. Es gab sogar welche, die sie als Souvenir mitgenommen haben. Ich halte mich da ganz im Hintergrund. Auch wenn es mich ärgert.

Es gab einmal einen, der wollte etwas ganz anderes. Und im Nachhinein betrachtet, war er der Gefährlichste von allen. Dabei kam er mir zuerst gar nicht sonderlich auffällig vor. Ein Romantiker, dachte ich zunächst, nachdem er an drei Tagen nacheinander frühmorgens gekommen war. Ein Journalist, der wieder einmal eine rührselige Geschichte verfassen wollte, war mein nächster Gedanke. Er hantierte mit Kameras herum, machte Messungen und Skizzen und schrieb seitenweise in sein Notizbuch.

Dieser Friedhof war ein Juwel in vielerlei Hinsicht. Bestens gelaunt klappte Patrick den abgegriffenen Bildband über Kulturdenkmäler in Freiburg zu und griff sich das nächste Buch vom Stapel. Eine Broschüre aus den 50er-Jahren: »Spaziergänge auf dem Alten Friedhof in Herdern« von einem Professor Doktor, dessen Namen er noch nie gehört hatte.

Ehe er zu lesen begann, klopfte er gut gelaunt mit dem Kugelschreiber auf den Stapel mit Notizen, die er sich an diesem Nachmittag bereits gemacht hatte. Die Reportage würde sensationell werden. Und das Beste war, wenn er sie abgeschlossen hatte, würde er so viel Material zusammenhaben, dass er gleich im Anschluss die nächste beginnen konnte. Seine Kollegen beim Dreisamboten würden staunen und der Ressortchef ungläubig den Kopf schütteln. Er, Patrick Neumann, der belächelte Schreibazubi im Praktikum, hatte nicht nur einen genialen Riecher bewiesen, sondern als Jungfernstück eine brillante Reportage vorgelegt, ein Mehrteiler, der den Hauch der Historie, zu Herzen gehende Emotionen, entschlüsselte Geheimnisse und harte Fakten in hervorragender Weise miteinander verbindet.

Diese Geschichte von der Kröte zum Beispiel. Ein Schmied, der mit seiner jungen Frau zufrieden lebte, bis eines Tages ein junger Geselle ins Haus kam. Die beiden jungen Menschen verliebten sich ineinander, der Alte stand im Weg, im Schlaf trieben sie ihm einen Nagel in den Kopf. Die Haare verbargen die tödliche Wunde, der Mann wurde begraben. Bis einige Jahre später die Gräber umgebettet wurden. Aus dem Schädel des toten Schmieds kroch eine Kröte, die Menschen wurden aufmerksam und entdeckten den Nagel. Die beiden Komplizen wurden der gerechten Strafe zugeführt.

Patrick mochte diese Geschichte, nicht nur, weil er die Regentränen auf dem Gesicht der Kröte gesehen hatte. Und es gab noch Weitere, ebenso spannende. Wie das Grab eines gewissen Johann Heinrich David von Hennenhofer, des vermeintlichen Kaspar-Hauser-Mörders. Dessen Ruhestätte war jahrelang beschmiert, geschändet und mit einem großen »M« für Mörder gekennzeichnet worden, ehe man sich entschlossen hatte, den Grabstein zu entfernen, zu Bodenbelagsplatten zu verarbeiten und als Brunnenrand im Innenraum des heutigen Augustinermuseums zu verwenden. Eine unglaubliche Story.

Und dann natürlich die Schlafende Schöne, Kernstück und Herz seiner Reportage. Patrick war von der Grabstätte wie von der Geschichte gleichermaßen fasziniert.

Es war eine zu Herzen gehende Tragödie. Kaum 17 Jahre alt war Caroline Christine Walter, als sie 1867 an Tuberkulose starb. Ihre Schwester war untröstlich. Deren Mann ließ damals zur Erinnerung an die »Menschenblume«, wie sie genannt wurde, eine Grabstätte im Stil einer Schlafenden errichten.

Es ist bestimmt in Gottes Rat,
dass man vom Liebsten was man hat,
muss scheiden.

Diese Worte hatte er auf das Buch eingravieren lassen, das die Tote in ihrer Hand hält. Vom ersten Tag an lagen frische Blumen auf dem Grab, Jahr für Jahr. Damals wurde hinter vorgehaltener Hand von einem Verehrer gesprochen, der auf diese sittsame Weise seine Liebe über den Tod hinaus zum Ausdruck brachte.

Ich habe es nicht gerne getan, aber es musste sein. Ich muss für meine Aufgabe hundertprozentige Gewissheit haben. Es kann keine Kompromisse geben. Er war so unvorsichtig, seine gesamten Recherchen in seiner Fototasche bei sich zu tragen. Niemand würde

sie je zu Gesicht bekommen. Die Leiche verschwinden zu lassen, war nicht schwierig gewesen. Es gibt Orte auf diesem Friedhof, die selbst die Verwaltung nicht kennt. Stille, verborgene Orte, an denen die Ruhe der Toten die Zeiten überdauert.

Merkwürdig, dass mir das gerade jetzt wieder einfällt. Aber es sieht so aus, als müsse ich wieder aufpassen. Wieder so einer. Seit gestern ist er da. Das dritte Mal schon in kurzer Zeit. Kamera, Notizen, Messungen. Ich muss ihn im Auge behalten. Ich bin ein friedfertiger Mensch. Aber ich muss aufpassen, dass es nicht zum Äußersten kommt. So wie schon einmal.

Gut fundierte Recherche und gefälliger Schreibstil waren das eine. Doch es brauchte mehr, um aus der Masse hervorzustechen. Investigativer Journalismus, nannte man das heutzutage. Er, Patrick Neumann, würde mehr liefern. Er würde das Geheimnis um die Blumen lüften. Nach über 150 Jahren.

Dabei war die Faktenlage alles andere als üppig. Patrick betrachtete für einen Moment nachdenklich den Stapel Bücher. Wie vielerorts üblich hatten die Autoren ein ums andere Mal die Recherchen ihrer Vorgänger übernommen, abgeschrieben, umgeschrieben, hier und da etwas hinzugefügt oder weggelassen. Und immer lag das Hauptaugenmerk auf der Verklärung der tragischen Liebesgeschichte aus dem vorvorigen Jahrhundert.

Patrick gehörte zu den Letzten, die nach dreimaliger Aufforderung der dezenten Lautsprecherstimme die Stadtbibliothek verließen. Er würde wiederkommen. Und nicht nur das. Er würde im Stadtarchiv vorstellig werden. Und er würde die hochmoderne Universitätsbibliothek bis auf die letzten Informationen durchkämmen.

Eine seltsame Erregung überfiel ihn, als er vor die Eingangstür trat und das ehrwürdige Münster vor sich sah. Der große, mit rustikalem Kopfstein gepflasterte Platz gehörte inzwischen nach dem Markttrubel ganz den Touristen, Gastronomen und Straßenfegern. Nicht zuletzt den Tauben, die sich um die letzten Essensreste zankten.

Zufrieden klopfte Patrick auf die Umhängetasche mit seinem Rechner. Die Fakten, die er bisher gesammelt hatte, waren eine gute Grundlage. Doch heute noch würde er die nächsten Schritte machen, um das Geheimnis der Blumen zu lüften. Wozu gab es Videokameras, Lichtschranken, Bewegungsmelder, Infrarotbilder, Zeitauslöser – die Technik des 21. Jahrhunderts hatte einiges an Möglichkeiten zu bieten! Patrick nickte zuversichtlich, als er vor dem Schaufenster des Elektronikfachgeschäftes stand. Es war Zeit, das Geheimnis zu lüften. Der Unbekannte würde ihm ins Netz gehen, da gab es keine Zweifel.

Mit siegessicherem Lächeln trat er ein.

Siegesdenkmal und Kriegerdenkmal

In unserer modernen Gesellschaft wirken Kriegsdenkmäler wie aus der Zeit gefallen. Dennoch haben entlang der Grenze zu Frankreich zahlreiche von ihnen überdauert. Zwei davon gibt es im Freiburger Stadtbereich.

Das Siegesdenkmal erinnert an den Sieg über Frankreich 1871. Es zeigt die Statue der Siegesgöttin über Soldaten verschiedener Waffengattungen. Für die Figuren wurden teilweise erbeutete Geschützrohre eingeschmolzen. 1876 wurde das Siegesdenkmal unter Beisein von Kaiser Wilhelm I., Reichskanzler Bismarck und dem Badischen Großherzog Friedrich eingeweiht. Es steht heute unter Denkmalschutz.

Das Kriegerdenkmal am nördlichen Ausgang des Stadtgartens wurde 1925 eingeweiht. Die zehn Meter hohe Säule mit eichenbekränztem Stahlhelm erinnert an die gefallenen Soldaten des 5. Badischen Infanterieregiments im Ersten Weltkrieg.

Karlssteg

Die zirka 136 Meter lange Fußgängerbrücke verbindet den Karlsplatz und die Altstadt mit dem

Stadtpark. Die Spannbandkonstruktion in dem nur 25 Zentimeter dicken Betonband war bei der Eröffnung im Juni 1970 zur 850-Jahr-Feier der Stadt die erste dieser Art in Deutschland.

Schlossbergbahn

Der Schrägaufzug führt auf Schienen vom Stadtgarten auf den Schlossberg. Die Bahn ist 262 Meter lang und überwindet 73 Höhenmeter. Bis 2008 gab es an dieser Stelle eine Seilbahn. An der Bergstation befindet sich das 1882 eröffnete Schlossbergrestaurant Dattler, zum Aussichtsturm sind es weitere 10 bis 15 Minuten zu Fuß.

Stadtpark

Die Parkanlage am Rande der Altstadt ist Freiburgs grünes Herz. Hier treffen sich Studenten und Rentner, Jogger und Sonnenanbeter, Musiker und Lesefreunde. Rosengarten, Spielplatz, Teiche, Brunnen und Blumenbeete wechseln sich ab, Rasenflächen und Parkbänke unter großen, Schatten spendenden Bäumen laden zum Verweilen ein. Die Wege sind mit Skulpturen geschmückt, ein Pavillon mit Freiluftbühne bietet Platz für Konzerte und Theateraufführungen.

Erpeldenkmal

Im hinteren Teil des Stadtgartens steht die 1953 geschaffene Plastik eines Erpels. Der Legende nach soll er durch sein aufgeregtes Geschnatter die Bevölkerung vor dem verheerenden Bombenangriff 1944 auf die Stadt gewarnt haben. Zahlreiche Bürger konnten damals rechtzeitig in die Bunker unter dem Schlossberg flüchten.

Alter Friedhof

Der zwischen den Stadtteilen Neuburg und Herdern gelegene Alte Friedhof wurde 1683 angelegt, nachdem der Kirchhof am Münster zu klein geworden war. Er wurde bis 1872 genutzt und ist heute ein verwunschener Park mit alten Bäumen, gleichzeitig eine kulturhistorische Sehenswürdigkeit mit zahlreichen Grabmälern, Steinfiguren und Gedenkstätten. Mittelpunkt ist die um 1725 erbaute barocke Michaelskapelle mit zahlreichen Bildern und Stuckdekorationen im Innenraum. Unter der Decke in der Vorhalle sind 12 Stationen eines restaurierten mittelalterlichen Totentanzes abgebildet.

Schlafende Schöne

Um das Grab, auf dem eine schlafende Frau dargestellt ist, ranken sich zahlreiche Legenden. Caroline Christine Walter starb 1867 als junge Frau an Tuberkulose. Seither wird das Grab täglich von Unbekannten mit frischen Blumen geschmückt.

Ludwigskirche

Nach der Säkularisierung 1806 wurde die Kirche des Zisterzienserklosters Tennenbach bei Emmendingen abgetragen, in Freiburg wieder aufgebaut und 1839 als Ludwigskirche geweiht. Nach der völligen Zerstörung im Krieg wurden Fragmente in die Außenfassade des Neubaus an der Nordseite des Alten Friedhofs eingefügt.

Lallibrunnen

1980 zum 50-jährigen Bestehen der Herdermer Narrenzunft mit einem nächtlichen Fackelzug eingeweiht. Die Brunnenfigur ist ein Lalli, Symbolfigur der Zunft des »Herdermer Lalli« – ein Narr mit derbem Gesicht, schwarzer Stirnlocke, Hakennase und einer gewaltigen Zunge.

Kirchplatz

Stadtteilzentrum vor der Urbanskirche mit Brunnen und Bäumen. Bauernmarkt, Herdermer Hock und Fasnetsveranstaltungen.

Botanischer Garten

1620 erstmals gegründet. 1912 nach Herdern verlegt. Heute Einrichtung der Universität Freiburg. In Gewächshäusern und im Freiland werden Pflanzen weltweit unterschiedlicher Klimazonen, Vegetationsgebiete und Biotope gezeigt.

Zähringer Burg

Bergfried auf dem Burgberg oberhalb des Stadtteils Zähringen. Die Burg war ehemaliger Stammsitz und Namensgeber des Adelsgeschlechts der Zähringer, deren Herzog Bertold Gründer der Stadt Freiburg wurde. Das Adelshaus Baden sieht in den Zähringern ihre Stammväter.

Das Waldrestaurant Zähringer Burg ist über einen Fahrweg zu erreichen. Hier erhält man den Schlüssel zur Tür am Fuße des Turmes.

7. DER AUFTRAGSKILLER

Wolfsberger wartete geduldig, bis der Mann sich an den Schreibtisch gesetzt hatte. Das dünne Fadenkreuz im Zielfernrohr wanderte über Rücken und Schulter millimeterweise nach oben. Wolfsberger atmete ruhig ein und aus, während er langsam den Zeigefinger krümmte.

Im richtigen Moment trafen sich Atem, Auge und Finger zu einem einzigen Punkt.

Im nächsten Augenblick kippte der Kopf des Mannes nach unten. Langsam sackte der Oberkörper auf die Schreibtischplatte. Am Himmel zog eine Großmaschine vom nahe gelegenen Flugplatz steil in die Wolken.

Eine knappe halbe Stunde später saß Joachim Wolfsberger im Erste-Klasse-Abteil des ICE und streckte die Beine aus. Den schlichten Lederkoffer mit dem auseinandergebauten Präzisionsgewehr hatte er über seinem Platz im Gepäckfach verstaut. Nachdem er die Rheinbrücke und die nordöstlichen Kölner Vororte passiert hatte, nahm der Zug rasch Fahrt auf. Wolfsberger lächelte zufrieden. In etwa vier Stunden würde er in Hamburg sein. Er würde dort übernachten und am nächsten Morgen den ICE nach Freiburg besteigen.

Mochten andere es für einen Spleen halten, doch dieser Teil seines jeweiligen »Projektes«, wie er die Aufträge für sich nannte, war mehr als ein rasches, unauffälliges Verschwinden vom Tatort. Es war mehr als einen etwaigen Verdacht bei den Ermittlern gar nicht erst aufkommen zu lassen. Anfangs hatte er viel über seine Taktik nachgedacht. Wieder und wieder hatte er die Abläufe optimiert. Inzwischen war es ihm zur Selbstverständlichkeit geworden, nach Beendigung seines Auftrags zunächst in die Gegenrichtung zu verschwinden.

Durch den Mittelgang schob ein dunkelhäutiger Mitarbeiter der Bahn seinen Servicewagen. Bei jedem Schritt klirrten die vielen Flaschen, Gläser und Tassen. Ansonsten war es ruhig im Abteil. Nur das leise Surren des Wagens war zu hören.

Wolfsberger hob den Zeigefinger, während seine Hand weiter auf der Lehne ruhte.

»Kaffee der Herr?«

»Tee. Schwarztee. Mit Milch und Zucker, bitte.«

In den Augen des Mannes glimmte für einen Moment ein winziges Zeichen des Erstaunens auf, ehe er sich bückte und aus einer Dose einen Teebeutel herausnahm. Er hängte ihn in einen Becher, goss heißes Wasser dazu und stellte ihn vor Wolfsberger auf das Tischchen. Mit geübtem Griff zog er nacheinander ein Beutelchen Zucker, ein Döschen Milch und eine Umrührhilfe aus Plastik heraus und legte alles zusammen mit einem in Zellophanfolie eingewickelten Keks daneben.

»3,80 Euro, bitte!«

Wolfsberger reichte ihm eine Fünfeuronote und gab ihm mit einem Blick zu verstehen, dass er den Rest behalten könne. Der Servicemann nickte ebenso. Mit einem leisen Lächeln strich er das Geld ein und lenkte den Wagen weiter.

Wolfsberger wartete drei Minuten, zog dann den Beutel heraus und gab Milch und Zucker hinzu. Das Plastikstäbchen rührte er nicht an. Stattdessen hob er den Becher an den Mund und blies ein paar Mal sanft über die heiße Flüssigkeit. Dann nahm er vorsichtig einen Schluck und streckte sich in seinem Sessel aus. Sofort spürte er, wie die Wärme durch seinen Körper zog.

Er liebte Menschen, mit denen er auf diese Art kommunizieren konnte. Wolfsberger war kein Mensch großer Worte. Worte verwirrten ihn. Worte bargen zu viele Tücken. Vor allem ließen sie zu viele Möglichkeiten offen.

Vor dem Abteilfenster wich die dichte Bebauung des Ruhrgebiets allmählich einer sanft geschwungenen Landschaft, in der sich Felder, Wiesen und kleine Waldstücke abwechselten. Wolfsberger stellte die gepolsterte Lehne nach hinten und streckte die Füße unter den gegenüberliegenden Sitz. Seit Dortmund saß er allein im Abteil. Der Tee und das gleichmäßige, sanfte Dröhnen des Zuges machten ihn schläfrig. Kurz hinter Münster fielen ihm die Augen zu.

Die geräumige Altbauwohnung in der Adelhauser Straße war genau so, wie er sie vor drei Tagen verlassen hatte. Er war kein Pedant, was seine private Welt betraf. Das Frühstücksgeschirr in der Spüle mit den angetrockneten Essensresten lag ebenso unverändert wie das Hemd, das er vor seiner Abreise auf das Bett geworfen hatte. Selbst nach einem Jahr würde das Hemd noch so daliegen. Doch es waren nie mehr als drei, vier Tage, eine Woche höchstens. Wenn er die Wohnung verließ, hielt die Zeit an und stand still bis zu dem Moment, an dem er sie wieder betrat.

Mutter hatte ihm vorgeschlagen, eine Putzhilfe zu suchen. Doch er hatte abgelehnt. Seit er die alte Frau vor fünf Wochen in die Uniklinik bringen musste, hatte niemand außer ihm die Wohnung betreten. Der Gedanke, einen fremden Menschen in seiner vertrauten Umgebung zu haben, war ihm unerträglich. Nicht einmal Freunde lud er ein. Wolfsberger hatte keine Freunde.

Seine Mutter hatte nie gewollt, dass er jemanden mitbrachte, Freunde nicht, Freundinnen schon gar nicht. Mutter hatte immer gewusst, was für ihn richtig war. Und jetzt wollte er es dabei belassen.

Wolfsberger öffnete beide Fensterflügel im Wohnzimmer. Von hier aus sah er auf einen kleinen Hinterhof, der zum Nachbarhaus gehörte. Die kleine Laube, die sich der Rentner gegenüber mit einem Tisch und zwei Gartenstühlen eingerichtet hatte, sah aus, als sei sie länger nicht betreten worden. Einer der Stühle war umgefallen, im Treppeneingang lagen Blätter und die Reste einer Zeitung.

Wolfsberger schloss das Fenster wieder und zog die Vorhänge vor. Sorgfältig breitete er ein paar alte Zeitungen auf dem Tisch aus und legte den Lederkoffer darauf. Dann holte er aus dem Schrank ein Fläschchen mit bernsteinfarbener Flüssigkeit und legte es zusammen mit zwei verschiedenfarbigen Tüchern daneben. Er ließ die beiden Verschlüsse des Koffers aufschnappen, holte das Gewehr heraus und begann, es langsam in seine Einzelteile zu zerlegen.

Als er das Gewehr gereinigt hatte, legte er die Teile zurück in die Aussparungen im Koffer, klappte den Deckel zu und verstaute es in dem großen Kleiderschrank hinter seinen Anzugjacken und Hosen.

Am Ende räumte er den Tisch auf, warf das Papier weg und stellte das Öl zurück an seinen Platz unter der Spüle. Das Geschirr weichte er ein und ließ es stehen. Anschließend duschte er, zog seinen Schlafanzug an und ließ sich auf das Sofa fallen. Die Stille des Raumes legte sich um ihn wie eine Daunendecke. Das Licht wurde dämmrig, der Tag neigte sich dem Ende zu.

Heute würde er nicht mehr aus dem Haus gehen.

Morgen. Morgen musste er. Er würde nicht drum herumkommen.

»Es wird schlimmer.«

Seit seiner etwas linkischen Begrüßung war es das

erste, was sie nach langen Minuten des Schweigens sagte. Der Satz kam ruhig, fast teilnahmslos.

Wolfsberger wusste, was das bedeutete. Er hatte es gewusst, noch ehe die drei Worte über ihre Lippen gekommen waren.

Es war immer unangenehm, wenn seine Mutter schwieg. Damals, als ihm das nagelneue teure Fahrrad geklaut worden war. Sein Vater hatte gepoltert und ihm eine Ohrfeige verpasst. Wie er denn so naiv sein könne, in Freiburg ein Fahrrad ohne Vorhängekette in der Stadt stehen zu lassen. In Freiburg! In der Stadt, in der für viele die Fahrräder so etwas wie Allgemeingut waren. Man nahm sie sich, man stellte sie ab. Natürlich müsse er sehen, wie er jetzt zurechtkam. Es würde kein Geld mehr für ein anderes geben.

Mutter hatte geschwiegen. Sie hatte den ganzen Tag kein Wort mit ihm gesprochen. Es war damals, als Wolfsberger zum ersten Mal in aller Deutlichkeit spürte, wie seine Mutter ihn verachtete. Wie sehr sie seit dem Tod seines älteren Bruders haderte. Er hatte sie seit dem Unfall nicht mehr lachen sehen. Mit dem Schmerz war die Trauer gewachsen, mit dem Verglimmen der Trauer hatte sich Verachtung und Zynismus breitgemacht. Die Liebe seiner Mutter war begrenzt. Das Wenige, was ihr an Worten und Zuwendungen noch übriggeblieben war, trug sie täglich auf den Friedhof.

Wolfsberger hatte sich an das Schweigen gewöhnt, wie an so vieles. Anfangs hatte er gedacht, sie suche die Schuld bei ihm, so wie Kinder es meist machen, wenn sie spüren, dass etwas nicht stimmt. Doch es war nicht so. Sie hatte das Buch der Mutterschaft zu Ende gelesen, und für ihn war schlichtweg kein Kapitel mehr vorgesehen.

Sein Vater war einfach weggegangen. Er hatte sich verborgen, im Alkohol, im Zorn, im endlosen Hocken vor dem Fernsehapparat.

Ein Stöhnen rang sich aus der Brust der alten Frau. Sie schloss die Augen und warf den Kopf zwei-, dreimal hin und her. Die Attacke fuhr durch ihren abgemagerten Leib, bäumte den Oberkörper nach oben. Für einen Moment erstarrte ihr Gesicht zu einer verzerrten Fratze. Dann sank die Frau mit einem lauten Stöhnen zurück in ihr Kissen. In ihr heftiges Atmen mischte sich ein dünnes Wimmern.

Wolfsbergers Finger tasteten über das verschwitzte weiße Laken, aus dem heraus sich die geballte kleine Faust langsam wieder zur Hand entfaltete. Kurz vor der Berührung hielt er inne. Nein, er konnte es nicht. Die wenigen Zentimeter waren zu weit.

Wolfsberger gab sich einen Ruck und drückte den roten Benachrichtigungsknopf, der von dem Metallgalgen über dem Bett herunterbaumelte. Dann lehnte er sich auf seinem Stuhl zurück und wartete auf die Stationsschwester.

Das Dossier war perfekt vorbereitet. Die Frau war 38 Jahre alt, wohnte in Ingolstadt und arbeitete an fünf

Tagen in der Woche als Werbefachfrau in einem Zulieferunternehmen für Audi. Der Auftrag kam von einem Mitarbeiter der Firma. Wie üblich ohne Namen, ohne Gründe. Wolfsberger hatte Glück gehabt. In unmittelbarer Nachbarschaft des Unternehmens gab es keine Gebäude, von denen aus er schießen konnte. Doch da die Frau jeden Tag zur selben Zeit dieselbe Strecke mit dem Fahrrad zur Arbeit fuhr, war es nicht schwer, den geeigneten Platz zu finden, von wo aus er das Projekt durchführen würde. Die alte Lagerhalle am Rande des Industriegebiets war für sein Vorhaben perfekt. Danach würde er von dort aus zu Fuß in wenigen Minuten am Bahnhof sein. Mit etwas Glück saß er bereits eine halbe Stunde später im ICE.

Auftrag, Recherche, Durchführung. Festpreis. Keine Fragen. Nichts Persönliches.

Ein Auftrag wie jeder andere.

Trotzdem.

Heute war etwas anders. Und Wolfsberger spürte genau, was es war. Er legte die Papiere, Fotos und Karten zurück in den Ordner und warf ihn achtlos auf das Sofa. Er drehte das Radio an und wieder ab, er ließ die Überschriften der Tageszeitung achtlos an seinem Auge vorbeiwandern, brühte sich einen Kaffee und stellte die Tasse halb ausgetrunken wieder weg.

»Es wäre besser, wenn sie es bald hinter sich hätte.«

Das war der Satz, den ihm die Stationsschwester zum Abschluss ihres kurzen Gesprächs auf dem Gang der Tumorstation der Uniklinik mitgegeben hatte. Das war der Satz, den er seit heute Morgen mit sich herumtrug, und der sich bei jeder Gelegenheit vor seinem inneren Auge aufrollte.

Die Diagnose hatte sie schon Monate zuvor erfahren. Der Feind saß in ihrem Leib, wuchs, wurde größer, streckte seine Klauen in die übrigen Organe, fraß sich in die Knochen. Unaufhaltsam.

Mutter hatte kaum reagiert, wie es ihre Art war. So als ob sie einen solchen Schicksalsschlag erwartet hätte. Nach ein paar Behandlungen zu Hause war sie ins Krankenhaus gekommen. Ohne Aussicht auf Rückkehr. Es war schnell klar, dass der tödliche Krake nicht mehr aufzuhalten war.

Was folgte, waren Infusionen, Medikamente, Bestrahlungen, Schmerzmittel. Sämtliche von vergeblicher Hoffnung begleiteten Behandlungen der modernen Medizin. Die übliche Prozedur. Bei seinen Besuchen fand Wolfsberger seine Mutter jedes Mal ein Stückchen dünner vor, ein Stückchen bleicher. Ein Stückchen weiter entfernt.

Und immer die Wortlosigkeit zwischen ihnen. Ein kurzes »Geht so« auf Wolfsbergers Frage, ein kaum wahrnehmbares Kopfschütteln als Antwort auf sein Angebot, ihr helfen zu wollen, irgendwie. Der Verlauf der Krankheit sei so, wie es zu erwarten war, die Werte entsprechend, man müsse zufrieden sein, hieß es von den Ärzten, von denen Wolfsberger selten einen zu sehen bekam.

Von den Schwestern war mehr zu erfahren – Wolfsberger wusste nicht, ob er froh darüber war. Er fühlte sich überflüssig und außerstande, irgendetwas an der Situation zu ändern. An der Apathie, den nächtlichen Schmerzattacken. Er wusste noch nicht einmal, ob ihm seine Mutter leidtat. Lange zuvor hatte er die Fähigkeit begraben, sich in sie hineinversetzen zu können.

»Es wäre besser, wenn sie es bald hinter sich hätte.«

Wolfsberger zog seine Schuhe an, streifte eine Jacke über und stieg die Treppe hinunter.

Er musste versuchen, seine Gedanken zu ordnen. Das anstehende Projekt in Bayern war auf Ende nächster Woche terminiert, und er wollte sich nicht unter Druck setzen lassen. Normalerweise gelang ihm das gut, sämtliche Abläufe waren durchgeplant und geklärt, ähnlich einem Theaterstück, das am Tage der Premiere bestens vorbereitet war. Wenn ihm das nicht möglich war, sagte er seinen Auftraggebern ab. Er konnte und wollte sich keine Unsicherheiten leisten.

Die Sitzbänke vor dem Brunnen am Adelhauser Klosterplatz lockten ihn heute nicht. Er musste sich bewegen, wollte seine Gedanken wieder in den Griff bekommen. Er lenkte seinen Schritt in der Marienstraße nach links, vorbei am Museum für Neue Kunst, auf das die Freiburger sehr stolz waren, auch wenn es mit den großen Einrichtungen in Basel, Karlsruhe oder Stuttgart nicht mithalten konnte. Die Aushängeplakate wiesen auf eine Ausstellung eines zeitgenössischen Comiczeichners. Ein hübsches Motiv – der Kaiserstuhl verziert mit einem überdimensionalen Korkenzieher als Hinweis auf die Überfülle der südbadischen Weintrauben. Der Künstler kam aus der Gegend und griff immer wieder gerne auf Motive seiner Heimat zurück, hieß es. Wolfsberger blieb kurz stehen und betrachtete das Plakat. Seine eigene Karriere war völlig anders verlaufen. Trotzdem verband beide die Treue zur Heimat. Er hätte sich nie vorstellen können, irgendwo anders zu leben als in Freiburg. Das alte Gewerbe- und Handwerkerviertel war sein Zuhause. Als Kind hatte er unter den mächtigen Bäumen Kastanien gesammelt, hatte in den schmalen Gassen und Hinterhöfen Verstecken gespielt und mehr als einmal verbotenerweise im Gewerbekanal ein erfrischendes Bad genommen. Manche der alten Freiburger nannten das Viertel heute noch liebevoll Schneckenvorstadt, auch wenn man die Tierchen heute nur noch als »Badisches Schneckensüpple« auf den Speisekarten liebevoll sanierter alter Gasthöfe fand.

Am Kanal bei der Insel unterhalb des Schwabentors war um diese Zeit touristischer Hochbetrieb. Am meisten lockte natürlich das Krokodil. Der steinerne Kopf, dessen vorgereckte Schnauze aus dem Wasser des Gewerbekanals herausragte, war täuschend echt. Vor allem bei den Gästen aus Fernost rief die Plastik kleine Schreie des Entzückens hervor. Ein perfektes Fotomotiv – mit dem einzigen Nachteil, dass man sich nicht danebenstellen konnte.

»Es wäre besser für sie, wenn sie sterben würde.«

Eines Tages war Lümmel nicht mehr da. Die struppig-graue Promenadenmischung mit der ständig feuchten Schnauze und den neugierigen Augen. Der vierbeinige Spielgefährte, den es schon gab, bevor Wolfsberger begonnen hatte zu denken. Mit dem er mehr Zeit verbrachte als mit seinem Bruder. Und der ihn besser zu verstehen schien als alle anderen zusammen.

Über Nacht war er verschwunden. Ohne große Erklärungen. Der Vater hatte etwas von »keine Zeit mehr, um mich auch noch darum zu kümmern« gemurmelt. Die Mutter hatte geschwiegen, wieder einmal, immer noch gefangen im Schmerz des Verlustes ihres Sohnes. Zum ersten Mal bekam Wolfsberger eine Ahnung davon, dass sich Dinge nicht von selbst ereigneten. Sondern dass es Menschen waren, die die Geschicke um ihn herum lenkten. Menschen, die Entscheidungen trafen, deren Folgen spürbar waren. Auch für ihn.

Von dem Tag an lebte Wolfsberger auf die Zeit hin, in der er selbst diese Entscheidungen treffen würde. Später, wenn er das war, was die Menschen Erwachsensein nannten.

Und es war der Tag, an dem er zum ersten Mal die Vorstellung zuließ, wie es wäre, wenn seine Mutter nicht mehr da wäre.

Wolfsberger lenkte seine Schritte über den gepflasterten Weg am Gewerbekanal entlang, vorbei an der großen Brauerei mit ihrem stets gut besuchten Biergarten. Vorbei an der Alemannischen Bühne, deren Aushangfotos von den Theateraufführungen im Schaukasten er als Kind stets mit großen Augen bestaunt hatte.

Vom nahegelegenen Spielplatz wehte das glückliche Kreischen von Kinderstimmen über den Augustinerplatz, der um diese Tageszeit mit ein paar wenigen Grüppchen junger Leute bevölkert war. An Sommerabenden war hier seit ein paar Jahren die Hölle los. Die Musik, laute Unterhaltung und manchmal das Getrommel von Bongos, Congas und anderen Instrumenten konnte Wolfsberger bis in seine Wohnung hinüber hören.

Nach dem Tod von Benni hatte er begonnen, seine Mutter zu hassen. Benni, der Hase mit dem seidigbraunen Fell und den abgeknickten Schlappohren. Das Unschuldigste aller Wesen, das in seinem kleinen Holzverschlag im Hinterhof seine Zeit mit Schnuppern, Mümmeln und Hoppeln verbrachte. Wolfsberger fütterte ihn jeden Tag. Eine Gelbe Rübe vom Wochenmarkt, ein halber Apfel, den er für ihn aufgehoben hatte. Bis zur Dreisam lief Wolfsberger, um frischen Löwenzahn zu suchen, Bennis Leibspeise.

Dass Benni von heute auf morgen im Kochtopf verschwand, war unfassbar. Als ihn seine Mutter nach dem Mittagessen beiläufig über das Fleischragout auf seinem Teller aufklärte, war Wolfsberger nicht zu halten. Nachdem er sich die Seele aus dem Leib gekotzt hatte, war er drei Tage mit Fieber und nächtlichen Albträumen im Bett gelegen. Als er erwacht war, erschreckten ihn die Bilder aus den Träumen, in denen er mit seiner Mutter kämpfte. Seine Gedanken, in denen er seiner Mutter den Tod wünschte.

Wolfsberger steuerte einen der wenigen freien Plätze in dem Café am Rande des Adelhauser Platzes an. Er bestellte ein mit Putenstreifen und Gurken belegtes Sandwich, dazu einen Jasmintee. Dann zog er sein Notizbuch heraus. Es war Zeit, die Gedanken auf die bevorstehende Aufgabe zu lenken.

In der Woche darauf gelang es ihm, wieder zum gewohnten geschäftlichen Ablauf zurückzufinden. Das Projekt in Ingolstadt lief ohne Probleme. Dieses Mal wählte er München als Zwischenziel und fuhr noch am selben Tag über Stuttgart zurück nach Hause. Die Auftragslage war gut, er begann, sich auf Projekte in Kaiserslautern, Kassel und Rostock vorzubereiten. Die Besuche in der Uniklinik verliefen ohne große Abwechslung. Ein, zwei Sätze seiner Mutter, die bedenklichen Gesichter der Ärzte, die mitfühlende Zusprache der Stationsschwestern, sofern sie überhaupt Zeit für ihn hatten. Als Wolfsberger ein weiteres Mal die breite Steintreppe zur onkologischen Station hinaufstieg, erwartete er auch an diesem Tag nichts anderes. Doch bevor er die Tür zum Krankenzimmer öffnen wollte, hielt ihn die Schwester zurück. Wolfsberger sah an ihrem Blick, dass etwas passiert sein musste.

»Was ist mit ihr?«

»Die Grenze der begleitenden Behandlung ist überschritten. Der Zustand Ihrer Mutter hat sich drastisch verschlechtert.«

»Heißt das – es geht zu Ende?«

»Nicht unbedingt. Das kann man selten genau voraussagen. Aber sie hat jetzt das Stadium erreicht, in dem es unerträglich wird.«

»Die Schmerzen?«

»Wir tun, was wir können. Die moderne Schmerztherapie hat inzwischen einige gute Möglichkeiten. Aber es gibt Folgen. Je höher die Dosis, desto mehr wird das Bewusstsein herabgedämpft. Und es gibt Grenzen der Wirksamkeit.«

Wolfsberger schluckte. »Das heißt …?«

»Das bedeutet, dass es Situationen gibt, in denen es nicht auszuhalten ist. Und es bedeutet, dass die Situationen sich wiederholen. Und vermehren.« Die Schwester kniff die Lippen zusammen und stieß einen Seufzer aus. »Es wäre besser, wenn sie es bald hinter sich hätte.«

Sie drehte sich um und verschwand im Nachbarzimmer.

Wolfsberger öffnete leise die Tür und trat ein. Das Licht war gedämpft, die Vorhänge zugezogen. Seine Mutter lag auf dem Rücken und hatte den Kopf zur Fensterseite gelegt. Aus ihrer Nase ragte ein Plastikschlauch, in beiden Armbeugen steckten mit Klebeband fixierte Infusionszugänge, deren Schläuche zu Beuteln führten, die über dem Bett herunterhingen. Langsam lösten sich Tropfen einer glasklaren Flüssigkeit und fielen herab.

Wolfsberger blieb am Fußende des Bettes stehen. Es war seltsam. Zum ersten Mal in seinem Leben sagte sein

Verstand, dass seine Mutter keine Macht mehr über ihn hatte. Nie wieder würde er an ihrem kalten Willen verzweifeln müssen. Nie wieder würde sie ihn verletzen können. Die Frau, die vor ihm lag, war völlig hilflos.

Doch im selben Moment spürte er noch etwas anderes. Etwas, das lange verschüttet gelegen hatte. Sehr lange.

Er sah, dass sie die Augen leicht geöffnet hatte.

»Wie geht es dir?«

Die Frage war ebenso sinnlos wie sein Besuch. Er fragte, weil er das Gefühl hatte, etwas sagen zu müssen. So wie jedes Mal. Doch heute gab es keine Antwort. Noch nicht einmal das übliche geknurrte »Geht so«.

Vielleicht schlief sie mit offenen Augen. Vielleicht nahm sie die Welt um sich herum nicht mehr so wahr, wie sie es gewohnt war. Die Medikamente dämpfen das Bewusstsein, hatte die Schwester ihm erklärt. Es war das Beste, wenn er wieder ging.

»Joachim!«

Wolfsberger hielt in der Bewegung inne. Es war kein Irrtum. Sie hatte ihn gerufen. Leise, aber klar und deutlich.

Er drehte sich um und trat an das Bett. Die Frau hatte immer noch die Augen fast geschlossen. Doch jetzt spürte er, dass sie seine Gegenwart wahrnahm.

Über die weiße Bettwäsche ging ein kaum wahrnehmbares Zittern. Ihre Hand kam unter dem Leintuch hervor. Die Hand rief ihn näher.

Wolfsberger beugte sich herab. Sein Kopf war nun nahe vor ihrem Gesicht.

»Ich brauche …« Ihr Atem ging pfeifend, es bereitete ihr Mühe, die Lippen zu bewegen.

»Soll ich den Arzt …«

Wieder musste sie eine Pause zum Atemholen einlegen. Dann holte sie Luft.

»Ich kann nicht mehr. Ich brauche dich!«

Wolfsberger spürte einen dumpfen Druck auf seiner Brust. Hilfesuchend sah er sich im Zimmer um. Auf dem Beistelltisch standen eine Flasche Wasser und ein Glas. »Willst du etwas trinken? Hast du Durst?« Rasch schraubte er die Flasche auf und goss das Glas zu zwei Dritteln voll. »Soll ich dich aufrichten?«

Die Frau bewegte sich. Langsam drehte sie ihr Gesicht und sah ihn an.

»Ich will weg.«

Für einen Moment war Wolfsberger verwirrt. Dann schüttelte er den Kopf. »Du kannst nicht raus hier. Du brauchst die Pflege und die Behandlung. Willst du – soll ich fragen, ob du ein anderes Zimmer bekommen kannst? Vielleicht nach hinten raus, dort ist es ein bisschen schattiger?«

»Ich will, dass es aufhört. Alles. Für immer.«

Die Worte kamen in Abständen nacheinander, abgehackt, mühsam. Aber vollkommen deutlich. Wolfsberger spürte den Kloß im Hals. Er konnte nichts tun. Sie würde sterben. Irgendwann. Vielleicht in ein paar Wochen. Vielleicht heute Nacht.

»Ich kann nichts tun«, sagte er langsam.

»Doch!«

Wolfsberger war überrascht, wie schnell sie antwortete.

»Du hast es doch schon oft getan!«

Oft getan? Was meinte sie damit? Hilflos hob er die Schultern. »Ich verstehe nicht.«

»Du weißt, wie das geht. Kurz und schmerzlos. In einer Sekunde ist alles vorbei.«

Ein heftiger Hustenanfall schüttelte sie. Dann fiel ihr Kopf erschöpft zurück auf das Kissen.

Wolfsberger durchfuhr es siedend heiß. Wie hatte er nur in dem Glauben leben können, sie würde nichts von seiner Arbeit mitbekommen. Von seinen Reisen, woher er sein Geld hatte, von dem Koffer. Jahrelang hatte er die Sachen im Schuppen im Hof versteckt, gut genug, wie er glaubte.

Die Frau hustete erneut. Das Würgen und Rasseln klang bedrohlich. Wolfsberger sah, dass sie kämpfte.

»Ich rufe jemanden«, sagte er und drückte den roten Knopf. Wieder kam er sich vollkommen hilflos vor. Schon nach wenigen Augenblicken öffnete sich die Tür und eine Schwester trat ein. Mit raschem Blick erfasste sie die Situation.

»Es ist besser, wenn Sie draußen warten«, sagte sie knapp und begann, mit einigen Gerätschaften zu hantieren.

Wolfsberger nickte zögernd. Dann wandte er sich um und ging rasch hinaus. An diesem Tag kehrte er nicht zurück.

Seine Mutter wusste alles. Sie wusste, dass er ein

Handwerker des Tötens geworden war. Wolfsberger fühlte sich ertappt wie damals, als er trotz strengen Verbots der Eltern Süßigkeiten gekauft und in seinem Zimmer hinterm Schrank versteckt hatte. Doch heute wurde das Gefühl des schlechten Gewissens völlig von einer neuen Erfahrung überdeckt.

»Du weißt, wie das geht!«

Dieser Satz war viel mehr als eine Feststellung. Er war mehr als eine Aufforderung.

Der Ton in ihrer Stimme weckte etwas in ihm, das lange verschüttet gewesen war. Sehr lange. Es war die Empfindung von Nähe. Von Zusammengehören. Von Liebe.

Seine Mutter brauchte ihn. Sein Gewehr. Ein Krümmen des Fingers am Abzug und alles wäre vorbei. In Sekundenschnelle.

Wolfsberger schloss die Augen. Nicht seine Mutter. Das war vollkommen unmöglich. Seine Projekte waren nie reale Personen. Es waren nie Menschen, die er kannte oder von denen er etwas Näheres wusste.

Ein Mal, ein einziges Mal war er mit der Lebenssituation des Opfers konfrontiert worden. Es war purer Zufall. Eine Bekanntschaft am Abend zuvor in einem Restaurant, als er entgegen seiner Gewohnheit einen Tag früher angereist war. Sie war am Nachbartisch gesessen und hatte mit ihrem Begleiter geplaudert. Ohne es zu wollen, hatte er Teile des Gesprächs mitbekommen. Sie hatte von ihrer Lebenssituation erzählt, von ihren Sorgen und Befürchtungen. Er war überrascht, als er sie am nächsten Tag im Visier seines Präzisionszielfernrohres wiedersah. Zum ersten Mal hatte er gezögert, ehe er schließlich den Auftrag in gewohnt professioneller Art zu Ende gebracht hatte.

Danach trug er eine seltsame Unruhe in sich. Eine Unruhe, wie er sie bisher noch nicht gekannt hatte. Er hatte sich gefragt, ob es so etwas wie ein Gewissen war. Es hatte Monate gedauert, bis er wieder zu seiner gewohnten Stärke zurückgefunden hatte.

Sie brauchte ihn. Jetzt. Alles, was in den Jahren zuvor zwischen ihnen war, war weggewischt. Alles begann neu. Alles mündete in den entscheidenden Schritt. So als ob beide darauf gewartet hätten.

Im Internet fand Wolfsberger unter dem Stichwort Sterbehilfe überraschend viele Einträge. Seitenweise gab es Abhandlungen über ethische Fragen aus ärztlicher, politischer und kirchlicher Sicht. Eine Organisation in der Schweiz vermittelte sogar eine legale und sehr seriös klingende Möglichkeit, seinem Leben ein Ende zu setzen. Doch in diesem Land war dies alles verboten. Keiner durfte aktiv beim Tod eines anderen tätig sein, ohne bestraft zu werden.

Aber es gab Hinweise, die sehr konkret waren. Hinweise auf die Wirkung verschiedenster Medikamente. Es gab Bezugsadressen für fertige Dosierungen und Anleitungen zur Kombination legal beschaffbarer Wirkstoffe.

Der Gedanke ließ Wolfsberger nicht los. Das tödliche Gift in Flüssigkeit aufgelöst, ein Schluck aus dem Glas, einschlafen. Nicht wieder aufwachen.

Die Erlösung.

Wolfsberger verbrachte die halbe Nacht vor dem Bildschirm. Am frühen Morgen hatte er das Richtige gefunden. Noch am selben Tag machte er sich auf den Weg. In den Augen der Helferin in der Apotheke am Holzmarkt glaubte er für einen Moment einen fragenden Blick zu erkennen. Doch sie blieb geschäftsmäßig freundlich und sagte nichts, als sie ihm die gewünschten Medikamente einpackte. Beruhigungsmittel, Schmerzmittel, Schlafmittel. Alle rezeptfrei.

Zu Hause setzte sich Wolfsberger sofort an den Küchentisch und begann, nach der Anleitung die Mischung zusammenzustellen. Es war so einfach, wenn man es nur wusste. Nur die Dosis macht das Gift, hatte Wolfsberger einmal gelesen. Aus segensreichen Helfern wurde die tödliche Mixtur.

Nachdenklich betrachtete er die kleine Flasche, die er am Ende in der Hand hielt. Durch das braune Glas schimmerte die durchsichtige Flüssigkeit.

Ich brauche dich.

Dieser Satz war sein erster Gedanke am Morgen, er drängte sich tagsüber in sein Bewusstsein, und er nahm ihn mit in den unruhigen Schlaf. Keine kühle Aufforderung wie so oft, kein Befehl, der keine Widerrede duldete.

Ich brauche dich.

Zum ersten Mal, seit er sich erinnern konnte. Und es war mehr als eine Bitte. Sie reichte ihm die Hand für einen neuen Anfang.

Das braune Fläschchen in seiner Hand begann zu leuchten. Dieser eine Schluck würde ihrer beider Leben wieder zusammenfügen. Ein Schluck, und Mutter wäre erlöst. Ein Schluck, und alles würde vorbei sein.

Ein Neubeginn.

Wolfsberger stand auf und trat ans Fenster. Die Sonne sandte ihre letzten Strahlen in den Innenhof. Rasch krochen die Schatten der umstehenden Häuser die Fassaden empor und ließen die Fensterscheiben stumpf werden.

Er hatte es in der Hand, die Entscheidung über Leben und Tod. Wie schon so oft. Er erinnerte sich, wie er gezögert hatte, als er die Frau im Visier wiedererkannte. Eine Störung, nicht mehr. Eine kühle Rechnung. Tat gegen Entlohnung.

Mutter war zu schwach, um das Glas zu halten. Er würde den Inhalt des Fläschchens hineinschütten, er würde sie aufrichten, ihr das Glas an die Lippen führen, sie zum Schlucken ermuntern. Er würde sie in ihr Kissen zurückgleiten lassen und sie mit dem Laken zudecken. Und er würde zusehen, wie sein letzter Liebesdienst die Erlösung brachte.

Zusehen müssen.

Wolfsbergers Hand umklammerte die kleine Flasche immer noch, als die Sonne hinter dem Dachfirst des Nachbarhauses verschwand. Irgendwann warf er sich auf das Sofa im Wohnzimmer, drehte sich auf den Rücken und starrte an die Decke.

Die Beerdigung an einem trüben Spätsommermorgen war ebenso trist wie das Wetter. Außer dem Pfarrer und einem Gehilfen war neben Wolfsberger nur ein älterer Mann aus der Nachbarschaft gekommen, den er nicht näher kannte. Dazu eine Frau mit bitterem Gesicht und rotgeränderten Augen, die sich ihm vor der Totenfeier als Cousine seiner Mutter aus Offenburg vorgestellt hatte.

Wolfsberger ließ das Ritual an sich vorüberziehen wie eine vergilbte Theateraufführung. Er hielt sich an der Seite, bis er aufgefordert wurde, an das offene Grab zu treten. Der Sargdeckel schimmerte matt, das Holz war einfach, ohne Verzierungen. Er nickte kurz, warf eine halbe Schaufel mit Erde hinunter und ging anschließend sofort weg. Bis zum Ausgang sah er sich nicht ein einziges Mal um.

Bevor er ins Auto stieg, zog er das braune Fläschchen aus der Manteltasche, schraubte es auf und goss den Inhalt in die Büsche am Gehwegrand. Das Glas warf er in den Mülleimer. Dann stieg er ein und fuhr schweigend davon.

Adelhauser Platz

Nur wenige Schritte vom belebten Augustinerplatz liegt dieses ruhige Idyll am Südostrand der Altstadt hinter der ehemaligen Klosterkirche. Vor allem im Sommer geschätzt. Alte Kastanienbäume, Brunnen, Sitzbänke, Café.

Augustinerplatz und Säule der Toleranz

Beliebter Treffpunkt vor allem bei jungen Leuten. Sein leicht abschüssiges Gefälle erinnert an eine Bühne. Gerne von Musikern, Kleinkünstlern und Theatergruppen genutzt.
Die Säule der Toleranz ist ein 2009 errichtetes optisches Signalzeichen, das bei Einbruch der Dunkelheit leuchtet. Wechselt die Farbe ins Rote, sind die Besucher des Augustinerplatzes angehalten, sich der Uhrzeit entsprechend im Interesse der Anwohner ruhig zu verhalten.

Augustinermuseum

Ehemaliges Augustinerkloster. Größtes Museum der Stadt. Originalskulpturen des Münsters. Münsterschatz. Schwerpunkt Oberrheinische Kunst vom Mittelalter bis zur Neuzeit, unter anderen von Baldung Grien, Grünewald und Cranach. Malerei aus dem Schwarzwald (19. Jahrhundert).

Stadtmauer

Die ehemalige Stadtmauer war mit einem Wehrgang versehen und zog sich vom Martinstor entlang der Gerberau zum Augustinerplatz, von dort weiter Richtung Schlossberg und im großen Bogen um die Stadt. Von der Mauer sind nur noch wenige Reste erhalten.

Alemannische Bühne

Gegründet 1924. Alemannisches Mundart-Theater mit Laienschauspielern. Komödien und Volksstücke. Besonderheit: vor und während der Aufführungen Restaurantbetrieb mit kalten und warmen Gerichten.

Feierling Biergarten

Von den Freiburgern kurz »Feierling« genannt. Im Sommer beliebter Biergarten unter Kastanienbäumen. Die Hausbrauerei Feierling mit Gaststätte liegt direkt gegenüber.

Museum Natur und Mensch

Völker- und naturkundliches Museum. Ethnologische Sammlung von Alltags- und Kulturgegenständen des außereuropäischen Raumes. Naturkundlicher Schwerpunkt Zoologie und

Mineralogie der regionalen Lebensräume im Südwesten. Besonders für Familien mit Kindern geeignet.

Museum für Neue Kunst

Gegründet 1985. Moderne Kunst des 20. und 21. Jahrhunderts. Klassische Moderne und regionale Bezüge (Macke, Dix, Bissier). Thematische Sonderausstellungen.

Insel

Pittoreskes Viertel in der östlichen Altstadt unterhalb des Schwabentors, umflossen von Bächle und Gewerbekanal. Historisch und architektonisch reizvolle Gebäude. Gemütliche Cafés, Restaurants und kleine Geschäfte.

Krokodil

Skulptur aus Granit im Gewerbekanal. Geschaffen 2001 von dem Berliner Steinbildhauer Ole Meinecke. Beliebtes Fotomotiv.

Tibet Kailash Haus

Zentrum für Tibetanische Kultur mit Seminaren, Vorträgen, Shop. Der Große Stupa im Garten wurde vom Dalai Lama bei seinem Besuch 2007 persönlich geweiht.

8. KRIMIABEND IN WALTERSHOFEN

Ein trialogisch-krimineller Einakter

Ort: Gemeindesaal Freiburg-Waltershofen
Zeit: November, Freitagabend, 19:45 Uhr
Personen in der Reihenfolge ihres Auftretens:
1. Die Bibliothekarin
2. Der berühmte Autor
3. Der unbekannte Gast

*

Die Bibliothekarin:
Wunderbar! Es sieht so aus, als habe alles geklappt! Wir haben nichts vergessen: Das Mikrofon und die Lautsprecheranlage sind eingestellt, die Lichter ausgerichtet, Getränke und Häppchen sind vorbereitet. Die Reporterin der BZ hat ihren reservierten Platz, die Blumen für die Ortsvorsteherin stehen in der Vase. Meine Helferinnen haben sich wirklich Mühe gemacht. Die Tische für den Stehempfang haben sie mit Trockenblumen dekoriert, bunte Girlanden über dem Eingang und den Fenstern aufgehängt, das Ortswappen vor dem Lesepult aufgestellt.

Alles ist bestens vorbereitet für einen denkwürdigen Abend. Nie hätte ich gedacht, dass er einmal für eine Lesung in unser Dorf kommen würde!

Dass er überhaupt noch einmal kommen würde.

Die Werbeleute der Buchverlage haben doch manchmal die verrücktesten Ideen. Der berühmte Buchautor kehrt zurück zu seinen Wurzeln! Jubiläumslesung im Heimatort! Ein Star zum Anfassen!

Wir haben natürlich sofort zugesagt. Eine solche Publicity bekommen wir so leicht nicht wieder. Sogar der SWR ist da! Dabei sind wir denen normalerweise keinen Gedanken wert, ebenso wenig wie der Zeitung.

Gleich geht es los. Der Musikverein, klar. Es war gar nicht einfach, den Dirigenten zu überzeugen, nicht sein komplettes Konzertprogramm aufzuführen. Zweimal zehn Minuten sind mehr als reichlich. Schließlich wird dies eine Krimilesung, keine Musikveranstaltung. Bestimmt haben sie das Entsprechende eingeübt. *Ohne Krimi geht die Mimi nie ins Bett*, oder so etwas Ähnliches. Vielleicht den *Kriminaltango*.

Der berühmte Autor:
Die Dorfmusik hätte ich schon mal überstanden. *Ohne Krimi geht die Mimi nie ins Bett*. Wer hätte das gedacht. Und stolz sind sie auch noch darauf. Ich muss aufpassen, dass mir das Gesicht nicht ausrutscht.

Ich ziehe den Hut in die Stirn, rücke meine schwarzgeränderte Hornbrille zurecht und schlage das Buch auf. Also gut, es muss sein. Eine Stunde, nicht länger.

Auch nicht im Heimatort. Nicht für die paar Hundert Euro und die obligatorische Flasche Wein.

Ein kurzer Blick auf die Zuhörer. Eine bunte Mischung. Viele Ältere, Frauen in der Mehrzahl, wie immer bei den Lesungen. Das typische Krimipublikum eben. Erwartungsvolle Gesichter. Fernsehkameras, immerhin. Die Dame von der Lokalpresse in der ersten Reihe mit Notizblock und Spiegelreflex. Presse ist immer gut. Any news are good news. Obwohl ich das eigentlich nicht mehr nötig hätte.

Ebenso wenig, wie ich mir Waltershofen antun müsste. Aber der Verlag hatte darauf bestanden. Pflege der regionalen Kontakte, hieß es. Der heimatverbundene Autor zum Anfassen.

Na toll.

Gut, dann muss es eben sein. Hinterher noch ein paar Bücher signieren, ein paar Fotos von mir mit Fans und den Dorf-Promis. Dann nichts wie zurück in die Stadt und ins Hotel. Und morgen ist die ganze Sache vergessen.

Ich dehne die Pause noch ein wenig, ehe ich anfange. Erhöht die Spannung. Dann räuspere ich mich, schiebe einen kleinen Scherz vorneweg. Von wegen den Abend überleben oder so. Kommt immer gut an.

Dann mal los. In einer Stunde ist alles vorüber.

Der unbekannte Gast:

Du hast dich überhaupt nicht verändert. Immer noch das geschniegelte, auf jung getrimmte Äußere. Der idiotische Hut über den Geheimratsecken. Immer noch die öligen Scherze für die Damen. Dass du dich überhaupt herablässt, hierherzukommen! Der berühmte Autor kehrt zurück in die Provinz! Vor Wochen stand es schon in der Zeitung, überall hingen Plakate: Didi Zimmermann, der Stargast des diesjährigen Krimiabends. Der erfolgreiche Krimiautor! Der Junge aus Waltershofen!

Ich habe sofort gewusst, dass ich kommen muss. Dabei finde ich Krimis grässlich. Immer irgendwelche abgehalfterten, unrasierten Kommissare in verbeulten Hosen mit wahlweise Beziehungs- oder Alkoholproblemen. Oder beidem. Und dann diese Fälle! Immer geht es um Kohle oder um Eifersucht. Und nach zwei Kapiteln ist für jeden klar, wer es war. Nur für den Kommissar nicht, der quält sich dann durch hanebüchene falsche Fährten. Das Ganze über zwei-, dreihundert Seiten. Muss ich mir nicht antun.

Aber ihn wollte ich wiedersehen, nach so vielen Jahren. Ich bin extra aus dem Schwarzwald heruntergefahren. Dabei war ich seit ewig nicht mehr hier. Ein paar Leute kenne ich noch vom Sehen, flüchtig. Aber ich habe damals reinen Tisch gemacht. Weg aus dem Kaff.

Die Bibliothekarin:

Ob die Gäste sich wirklich alle für Krimis interessieren? Erstaunlich viele Frauen sind gekommen. Da sieht man es mal wieder. Die geheimen Fantasien meiner Mitschwestern. Mord und Totschlag. Das neueste

Buch von Didi Zimmermann ist heftig. Er gibt sich nicht mit einfachen Verbrechen zufrieden. Ich habe es natürlich gelesen, zur Vorbereitung. Mit hat es nicht gefallen, zu sadistisch das Ganze. Ich habe mich zwingen müssen, es zu Ende zu lesen. Aber es passt zu ihm. Irgendwie.

Aber die ganzen Leute hier? Sind sie wegen dem Buch da? Oder wegen ihm? Manche strahlen, als ob sie selbst über den Roten Teppich liefen. Ein Junge aus der Gemeinde hat es zu etwas gebracht! Da will man etwas von dem Ruhm spüren.

Und da ist man gerne bereit, vieles zu vergessen.

Der berühmte Autor:

Ich fange mit dem ersten Kapitel des neuen Buches an. Das ist am einfachsten. Ein bisschen Düsternis, ein wenig Nervenkitzel. Und immer ein Toter spätestens auf der dritten Seite. Ein einfaches Erfolgsrezept, klappt hundertprozentig. Die Leute sind sofort dabei. Ich bin ein guter Lesender, nicht nur, weil ich schon jede Menge solcher Abende hinter mir habe. Aber auf meine Stimme konnte ich mich immer verlassen. Irgendwas finden die Leute daran. Vor allem die Frauen.

Der unbekannte Gast:

Ich muss zugeben, er macht das nicht schlecht. Spürt erstmal die Stimmung ab, sucht Kontakt mit dem Publikum, zeigt sich von seiner menschlichen Seite. Und seine Stimme, ja die hat so etwas, muss ich zugeben. Ja, der hat's drauf. Wenn die Leute wüssten …

Der berühmte Autor:
Natürlich hab ich dich erkannt. Auch wenn wir beide nicht jünger geworden sind und die Bauchumfänge die Altersdistanz vergrößern. Aber dein schiefes Grinsen hast du dir nicht abgewöhnt. Auch nicht nach 30 Jahren. Diese leicht unterwürfige Haltung, so als wolltest du sagen: Tu mir nichts. Und dieser bescheuerte Dreitagebart, der cool aussehen soll, aber nur schlampig rüberkommt. Ich wundere mich, dass du mich nicht angesprochen hast, vor der Lesung, als alle möglichen Leute herumstanden. So ein kleines Hallo auf die alten Zeiten. Ein joviales Schulterklopfen vergessener Kameraderie. Den anderen zeigen, dass man ihn kennt, den Stargast. Das würde passen zu dir, warst schon früher so. Vor allem bei den Lehrern. Bei allen hast du dich angebiedert.

Aber mir ist das Wurscht. Von mir aus kannst du bleiben, wo du bist, versteckt in deiner spießigen Bedeutungslosigkeit. Natürlich werden wir reden, zumindest kurz. Spätestens nachher, beim Signieren, da werde ich nicht darum herumkommen. »Du bist gekommen! Wie nett. Das freut mich!« Oder so ähnlich. Ich werde es überstehen.

Dabei war das nicht immer so, früher. Wir hatten auch unseren Spaß miteinander. Zum Beispiel die Sache mit der pickligen Marianne damals. Eine blöde Wette unter

Halbstarken, hab mich richtig geekelt. Aber so waren wir damals. Ich hab sie natürlich zuerst rumgekriegt. Und du musstest sie dann trösten. Das fand ich noch schlimmer. Aber so war es ausgemacht. Ist dir recht geschehen.

Der unbekannte Gast:
Sicher, wir hatten auch unseren Spaß miteinander. Zum Beispiel die Sache mit der Marianne damals. Die blöde Ziege. Hat allen Ernstes geglaubt, dass ich etwas von ihr wollte. Mit Liebe und so. Wie die schon ausgesehen hat mit ihren Pickeln und der Brille. Klar, war eine blöde Wette, aber so waren wir damals. Es ging nur darum, wer sie zuerst rumkriegt. Und der Verlierer musste sie dann trösten. So war es ausgemacht. Der Verlierer war ich.

Ob er mich erkennt? Kann ich mir eigentlich nicht vorstellen. Hier in der hinteren Reihe zwischen den Vorhängen ist es düster genug. Und selbst wenn – wir sind ja alle nicht jünger und schlanker geworden. 30 Jahre sind eine lange Zeit. Da ist so manches aus der Reihe geraten. Ich traue ihm sogar zu, dass er mich ignorieren würde. Arrogant genug war er damals schon. Und heute immer noch. Wie er schon dasitzt mit seiner Schickimickibrille und dem affigen Hut. Von mir aus werde ich mich nicht zu erkennen gegeben. Warum auch? Das fehlte noch. So ein verlogenes Hallo, ein bisschen Schultergetätschel, um Volksnähe zu demonstrieren. Nicht mit mir.

Die Bibliothekarin:
Eines muss man ihm lassen. Er hat eine faszinierende Stimme. Immer noch. Sogar noch etwas männlicher kommt sie mir vor. Er nimmt die Leute mit, die Frauen vor allem. So wie damals schon. Er war der Star unseres Jahrgangs. Für die Jungs war er der Anführer, er hatte das Sagen. Die Mädchen umschwirrten ihn wie Eintagsfliegen. Was sie dann auch meistens waren. Und nicht nur die aus Waltershofen. Als er dann das Moped hatte, brachte er manchmal welche mit ins Dorf, aus Tiengen oder Opfingen. Sogar am Kaiserstuhl trieb er sich rum.

Der berühmte Autor:
Vielleicht sollte ich eine Begegnung provozieren. Ihn zur Rede stellen vor allen Leuten. Ihn bloßstellen, diesen Arsch!

Ich habe es nicht vergessen. Es war Absicht damals. Eindeutig. Nie wäre er an den Ball gekommen. Ich war locker vorbei, längst. Er war zu langsam. Wie immer. Er hat es genau gesehen. Er musste es gesehen haben. Und dann grätscht er mir voll rein. Aus vollem Lauf von hinten in die Hacke. Achillessehne gerissen, Fersenbeinbruch, der Unterschenkel ein Trümmerfeld. Und das alles auf einem lumpigen Dorfturnier. Ich hätte auf meinen Trainer hören sollen. Er hatte mich gewarnt. Beschworen fast, ich solle es sein lassen. Doch ich hatte meinen Stolz. Und außerdem gab es Babs. War gar nicht so leicht, sie rumzukriegen. Ich hatte mich ernsthaft verliebt, zum ersten Mal. Zum einzigen Mal. Da habe ich alles in die Waagschale geworfen. Es reichte nicht, der beste Leichtathlet in Südbaden zu sein. Nein, auch noch Starfußballer. Und ich war gut damals, hätte ebenso gut in der Profiliga spielen können.

Bis zu dieser Attacke. Wochenlang haben sie an mir rumgedoktert in der Uniklinik. Die Sportfunktionäre haben extra einen Spezialisten aus Zürich kommen lassen. Nichts war's. Scheußliche Schmerzen, keine Hoffnung.

Das war's dann mit den Deutschen Meisterschaften. Das war's mit Olympia. Mit meiner Karriere.

Der unbekannte Gast:
Ich will nur sehen, was aus dir geworden ist, seit damals. Aus diesem Unsympath, diesem Blender, auf den meine Babs reingefallen ist. Die sich hat täuschen lassen von diesen Augen, dieser Stimme, von seinen Erfolgen. Es war Sport für ihn, sie anzumachen, sie mir wegzunehmen. Dabei hat er sie nie wirklich geliebt. Geliebt hat er immer nur sich selber und seine dämlichen Pokale, die er bei den Sportfesten abgeräumt hat. Der künftige Deutsche Meister, ein hoffnungsvoller Kandidat für die Olympiamannschaft, ha! Babs fand das toll. Da konnte ich natürlich nicht mithalten. Die Aussicht, ihr Leben an der Seite eines umjubelten Sportstars zu verbringen, das war etwas. Das bedeutete Glamour, Hochglanzzeitschriften und Talkshows.

Und natürlich Reisen. Sportfeste in Zürich, in London, in Helsinki.

Anders als bei einem einfachen Finanzbeamten. Ich hatte es mir so schön vorgestellt. Wir hätten geheiratet, Kinder bekommen, zwei oder drei. Wir wären in Urlaub gefahren, an den Gardasee oder nach Mallorca. Wir hätten auf ein Häuschen gespart. Wir hätten es gut gehabt.

Hoffentlich sieht keiner meine feuchten Augen. Oh Babs! Es hätte so schön werden können mit uns beiden.

Die Bibliothekarin:
Gott, war ich naiv damals. Natürlich war ich neugierig, wie alle Mädchen damals. Neugierig auf das Leben. Neugierig auf Jungs. Dass Didi ausgerechnet mich zu einer Spritztour auf seinem neuen Moped mitnahm, konnte ich nicht fassen. Trotzdem habe ich nicht gezweifelt, keinen Verdacht geschöpft. Mich hatte er ausgewählt. Mich!

Sonnenuntergang oben bei der Kapelle. Das lauschige Plätzchen in den Weinbergen. Ich bin geschmolzen wie Butter.

Der berühmte Autor:
Ob er mir noch nachtragend ist wegen Babs damals? Ich habe bis heute nicht verstanden, was sie an ihm gefunden hatte. Dieser Langweiler. Laufbahn in der Höheren Finanzverwaltung, das muss man sich mal

vorstellen. Drei Kinder und ein billiges Häuschen, abgestottert über 30 Jahre. Da hat nicht viel dazu gehört, ihr zu zeigen, wer der Attraktivere ist. Sie war ja schon ein Feger damals. Blendendes Aussehen, Topfigur. Hat gut zu mir gepasst. Die Richtige an meiner Seite. Ob er inzwischen überhaupt noch eine abgekriegt hat?

Der unbekannte Gast:
Ob er noch manchmal dran denkt? Damals haben sie ihn mit dem Hubschrauber in die Uniklinik geflogen. Die besten Chirurgen bei den OPs, die besten Orthopäden in der Reha. Aber da ging nichts mehr. Aus mit der Karriere. Er hinkt immer noch ein bisschen, ich hab's genau gesehen vorhin, als er zu seinem Stuhl gegangen ist. Muss ihn schwer getroffen haben damals, seine Pläne, seine Egozentrik. Babs ist trotzdem bei ihm geblieben, leider. Na ja, die Frau eines erfolgreichen Autors zu sein, ist auch etwas. Auch wenn es nur Krimis sind.

Die Bibliothekarin:
Dabei hätte ich es mir denken können, dass nichts aus uns wird. Abserviert hat er mich, noch am selben Abend. Ich hab geheult wie eine Schlosshündin. Bin mir benutzt und dreckig vorgekommen.

Aber gegen so jemanden wie Babs hatte ich natürlich nicht die geringste Chance. Babs hat sich genommen, wen sie wollte. Zuerst den Andreas, die wollten sogar heiraten. Dann ist sie zu Didi übergelaufen. Mehr Geld. Mehr Ruhm. Für mich blieb nichts übrig. Nichts als die Schande.

Der berühmte Autor:
Ich könnte ihn umbringen. Heute noch. Jemand, der mir den Traum meines Lebens zerstört hat, verdient es nicht, weiterzuleben. Ich hätte es schon längst tun sollen. Fantasie und Ideen habe ich genügend. Vielleicht ist die Begegnung heute Abend ein Wink des Schicksals. Es muss zu Ende gebracht werden, sonst komme ich nie zur Ruhe. Die Pistole auf dem Lesetisch – ein nettes Accessoire für theatralische Lesungen. Wenn die Leute wüssten, dass sie echt ist. Einsatzbereit.

Der unbekannte Gast:
Dass er gekommen ist, ausgerechnet jetzt. Dass ich heute Abend hier bin und er mich nicht erkennt. Es ist ein Zeichen. Diese Gedanken, die wieder hochkommen nach so vielen Jahren. Es ist nicht vergessen. Es wird immer wieder hochkommen, wenn ich nicht endlich etwas unternehme. Es gibt nur eine Lösung. Ich brauche keine Krimis, um die richtige Idee zu haben. Ich brauche das alles nicht: Waffen, Gift, Pläne. Ich habe ein Auto. Ein gutes, wuchtiges Auto mit einer schönen Stoßstange. Am besten heute Abend noch. Sicher wird er noch eine Weile bleiben. Signieren, Fotos, Häppchen. Doch irgendwann wird

er zum Parkplatz gehen, oder in ein Hotel. Oder zum Bahnhof. Ich werde bereit sein.

Die Bibliothekarin:
Ich dachte damals, dass es nicht schlimmer kommen konnte. Es kam schlimmer. Andreas. Der bescheidene Andreas. Andreas, der Liebe. Der mich bei sich ausheulen ließ. Dem ich mich ganz anvertraute. Ganz.

Das war fast noch übler. Das war der vollkommene Tiefpunkt. Der Valentin hat es mir damals gesteckt. Aus Mitleid, wie er wahrscheinlich dachte. Eine Wette! Die beiden hatten um mich gewettet! Wer mich als Erster rumkriegen würde. Und der Verlierer sollte mich trösten. Der Verlierer!

Der berühmte Autor:
Ich weiß nicht, was heute los ist. Irgendwie ist es warm hier drin. Ich schwitze. Schlechte Luft. Muss das Jackett ausziehen. Den Kragen lockern. Eine kleine Pause machen. Etwas trinken. Den Abschnitt noch zu Ende. Ein paar Sätze, Worte. Komisch, wie die Buchstaben …

Der unbekannte Gast:
Was ist los mit dir? Deine Stimme wackelt so komisch. Jetzt fängst du noch zu stottern an. Lass es sein. Billige Show. Jetzt greifst du dir an den Hals. Zugegeben, sieht ganz schön echt aus. Aber ich kenn dich, du hast bestimmt … Warum laufen denn die Leute zu

ihm hin? Ist irgendetwas passiert, was ich nicht … Es ist so heiß hier. Schlechte Luft. Ich müsste vielleicht auch … Es ist …

Die Bibliothekarin:

Das passt doch wunderbar. Ein Krimiautor stirbt während einer Lesung. Ist ja schon fast kitschig. Hat er eigentlich gar nicht verdient, einen solch theatralischen Abgang. Ich hätte zu gerne gehabt, dass er mich sieht, ehe er abtritt, dass er sich an mich erinnert, an das, was er mir angetan hat. Aber ich habe mich ganz schön verändert seit damals. Schicke Frisur, ein wenig Make-Up, Kontaktlinsen. Wahrscheinlich hat er in seiner Arroganz noch nicht einmal für möglich gehalten, dass ich da sein könnte.

Genauso wie der andere dort hinten vor den Vorhängen, der auf seinem Stuhl zusammengesunken ist. Andreas. Der nette Andi. Es wird noch ein bisschen dauern, ehe es die Leute merken werden. Geschieht ihm recht. Geschieht beiden recht. Bis zum Ende keine Ahnung. Bis heute keine Ahnung, was ihr damals bei mir angerichtet habt, alle beide. Keine Ahnung von der Enttäuschung, den Schmerzen, der Wut. Der Scham. Eine Wette. Für euch war das nur ein Spaß. Ein dummer, kleiner Spaß mit der pickligen Marianne.

Für mich hat damals das Leben aufgehört, noch ehe es richtig begonnen hatte. Für mich war es die Hölle, danach noch mehr, nach eurem abscheulichen Tun. Es hat lange gedauert, bis sie mich wieder akzeptiert hatten, bis ich wieder mitmachen durfte in der engen Kleinstadt. Bis allmählich vergessen wurde.

Aber ich habe nicht vergessen. Ich konnte nicht vergessen. Niemals. Ich wusste, die Gelegenheit würde kommen. Irgendwann. Als ich hörte, dass der Leseabend geplant wurde, war der Rest ein Kinderspiel. Den einen hofieren, dem anderen eine Einladung schicken. Am Abend den Wein präparieren, jedem der beiden das richtige Glas zukommen lassen. Schön, dass es fast gleichzeitig gewirkt hat. Im Tode vereint.

»Marianne, rufst du mal schnell den Notdienst, ich glaube, da ist etwas passiert!«

FREIZEITTIPPS (TUNIBERG):

Tuniberg

Über 300 Meter hoher Kalksteinrücken in der Rheinebene am westlichen Rand von Freiburg. Eigener Weinbaubereich im Weinbaugebiet Baden (Schwerpunkt Burgunderreben). Naherholungsgebiet, Wanderwege. Kirsch- und Apfelblüte im April.

Erentrudiskapelle

Am südöstlichen Rand des Tunibergs oberhalb von Munzingen. Weithin sichtbare Kapelle zu Ehren der Heiligen Erentrudis. Einzigartiger Panoramablick über den Südschwarzwald (Belchen 1414 Meter).

Straußwirtschaften

Straußwirtschaften sind einfache Lokale, die einem Winzerbetrieb angegliedert sind, und in denen eigener Wein und typische regionale Speisen (zum Beispiel Brägele, Bibiliskäs, Flammenkuchen) aus eigener Herstellung angeboten werden. Jede Strauße hat ihren eigenen unverwechselbaren Charakter. Saisonal geöffnet, im Winter geschlossen.

Tipps: Grießtal-Strauße inmitten der Weinberge, Sonnenbrunnenstrauße in Opfingen, Kapellenblick-Strauße in Munzingen, Scheunenstrauße in Waltershofen.

St. Remigiuskirche Merdingen

Die St. Remigiuskirche in Merdingen wurde von Kaspar Bagnato errichtet, dem bedeutendsten südwestdeutschen Barockarchitekten des ausgehenden 18. Jahrhunderts. Von diesem Architekten stammt unter anderem auch das Schloss auf der Insel Mainau im Bodensee.

Attila

Einer Sage zufolge soll der Hunnenfürst Attila einst am Tuniberg gewesen sein. Attiladenkmal in Niederrimsingen. Weinlage *Attilafelsen*.

Spargel

Durch Einsatz zweifarbiger Folien werden die ersten Freilandspargel bereits im März geerntet. Verkauf vor Ort und auf Bauernmärkten. In den Restaurants und Hotels in und um Freiburg gehört das »königliche Gemüse« in dieser Zeit zum festen Bestandteil der Speisekarte.

Schloss Munzingen

Auch Schloss Kageneck. 1672 vom vorderösterreichischen Stadthalter Johann Friedrich von

Kageneck im Renaissancestil erbaut. Ab 1745 im Rokokostil umgestaltet. Reich verzierte Fassade. Heute noch bewohnt (Graf und Gräfin von Kageneck).

St. Nikolaus

Ortsteil von Opfingen. Jährlich am 6. Dezember wird im Rathaus ein Sonderpostamt eingerichtet. Dazu gibt es eine Sonderstempelaktion mit Nikolausmotiv.

Opfinger Baggerseen

Der kleinere Badesee ist idyllisch direkt am Ortsrand gelegen. Der große Baggersee im Mooswald Richtung Freiburg hat einen Kiosk sowie einen FKK-Bereich.

Aussichtsturm Wippertskirch

Eröffnet im Jahr 2000 auf Initiative des Winzerkreises Opfingen. Herrliche Rundumsicht über Tuniberg, Rheintal, Freiburg und Schwarzwald.

Burgunderpfad

Rundweg über den Tuniberg durch abwechslungsreiche Reblandschaft. Zahlreiche Aussichtspunkte und Infotafeln. Verschiedene Zugänge rund um den Tuniberg, ÖPNV-Anbindung zur Freiburger Innenstadt.

Schloss Reinach

Ehemals einer der größten Gutshöfe der Region, erbaut auf den Resten eines im Dreißigjährigen Krieg zerstörten Wasserschlosses. Der Rundturm ist noch erhalten. Heute Hotel, Restaurant, Austragungsort für diverse Veranstaltungen. Ausgangspunkt für das am Fuß der Erentrudiskapelle gelegene Gelände des Golfclubs Tuniberg (18-Loch-Meisterschaftsanlage).

9. WEISSE HITZE / WEISSES LICHT

Eine überaus unangenehme Adventsgeschichte.

Der Film war aufwühlend gewesen. Verstörend.

Eigentlich hatte ich ihn gar nicht sehen wollen. Die Geschichte um einen Serienkiller, der seine eigene Familie als Geisel hielt und nacheinander nach ausgeklügelten Methoden zu Tode folterte, war eigentlich überhaupt nicht mein Fall.

Gewalt und Gewaltszenen verabscheue ich und lehne sie strikt ab. In meinen Romanen und Geschichten kommen sie so gut wie nie vor. Ein guter Krimi braucht differenzierte Stimmungen, interessante Charaktere und eine spannende Story. Dazu stehe ich.

Doch die Kollegen vom Autorenstammtisch hatten in höchsten Tönen geschwärmt. Nicht das übliche Splattergemetzel! Künstlerisch überraschende Ansätze! Eine völlig neue Herangehensweise an das Genre!

So und ähnlich hatten Elli, Claudia und Heinz-Georg mir das Ganze schmackhaft gemacht. Vivian war sogar bereit gewesen, sich mir zuliebe den Film ein zweites Mal anzuschauen. Doch sie hatte in letzter Minute absagen müssen. Ihr Kater hustete und sie musste dringend mit Dracula zum Tiernotarzt.

So hatte ich mich ohne Begleitung in der Nachmittagsvorstellung wiedergefunden. Ich war mir ziemlich verloren vorgekommen. Schon nach zehn Minuten hatte ein älteres Ehepaar den Kinosaal verlassen. Sie hatten sich offenbar unter dem Titel *Die Häupter meiner Lieben* etwas völlig anderes vorgestellt. Die übrigen Besucher waren überschaubar gewesen. Schräg vor mir an der Wand unter den matt schimmernden Notleuchten hatte sich ein ganz in schwarz gekleidetes Punkerpärchen tief in die plüschigen Sessel versenkt, so dass nur noch ihre Knie hervorragten. Zwei Reihen hinter mir hatte eine Gruppe von Halbwüchsigen die ganze Vorstellung über kichernd und Popcorn mampfend ihre Nervosität überspielt.

Danach stand ich ziemlich benommen im Licht der Leuchtreklame vor dem Kinoeingang. Es dauerte eine ganze Weile, ehe ich mich wieder in der Realität zurechtfand. Das Bild der jungen Frau mit dem japanischen Seziermesser in den zarten Händen wirkte erschreckend lebendig in mir nach. Ich schüttelte ein paar Mal energisch den Kopf, um wieder einigermaßen zu mir zu kommen. Dann sah ich auf die Uhr. Ich hatte noch eine halbe Stunde Zeit. Genug für einen kleinen Spaziergang durch die belebte Innenstadt. Vielleicht half es mir, die Gespenster zu vertreiben.

Nach wenigen Schritten spürte ich, dass etwas nicht stimmen konnte. Der Hintereingang des Stadttheaters war mit schwachem Licht erleuchtet. Eher zufällig fiel mein Blick auf eine dunkel gekleidete Gestalt mit einem Geigenkoffer unterm Arm. Das kurze Aufblitzen der Zigarettenglut erhellte für einen Moment ihr Gesicht. Ob es ein Mann oder eine Frau war, konnte ich nicht erkennen. Aber es kam mir so vor, als ob ihr Blick für einen Moment auf mir ruhte. Einen Moment zu lange.

Ich beschleunigte meinen Schritt, doch schon wenige Meter weiter wurde ich durch eine Gruppe Wartender aufgehalten. Die Straßenbahn vom Bahnhof her hielt in diesem Moment genau neben mir am Rand des Gehwegs. Die Türen öffneten sich und entließen Scharen dick eingemummter Gestalten, die sich in den diesigen Freiburger Dezemberabend verteilten.

»Können Sie mir helfen?« Die Frage der Frau klang mehr wie eine Aufforderung als eine Bitte. Ich nickte und griff unter das Gestell des dreirädrigen Kinderwagens, der zusätzlich zu den aufgetürmten Wärmedecken mit dem Tageseinkauf der Mutter in verschiedenen Tüten behängt war. Von hinten schoben weitere Fahrgäste nach und ich musste aufpassen, dass ich nicht in den Fahrgastraum gedrängt wurde.

Vielleicht hätte ich es tun sollen. Vielleicht hätte ich wertvolle Zeit gespart. Doch das wusste ich noch nicht.

Der Gehweg war nicht gestreut. Beim Herunterspringen wäre ich um ein Haar ausgerutscht. Natürlich hatte ich die falschen Schuhe gewählt. Wie schon so oft.

Ich stützte mich an dem Schaukasten des Theaters ab. Eine junge Frau mit rotem Schal und einer braunen

Baskenmütze stand neben mir. Sie sagte kein Wort. Als ich sie ansah, wandte sie sich ab. Doch wieder hatte ich das Gefühl, dass sie mich länger angesehen hatte, als es unter Fremden üblich war. Stimmte etwas nicht? Ich sah kurz an meiner Kleidung herab – Winterjacke, Jeans, Schuhe. Nichts Auffälliges.

Ich drehte mich um und studierte die Aushänge im Schaukasten mit dem Monatsprogramm. Neben Ödipus und einem Symphoniekonzert gab es lauter Stücke, deren Namen ich noch nie gehört hatte. *Robert und das zweite Gesicht.* Ein Stück für Kinder. Das zweite Gesicht. Ich sah mich vorsichtig um, fast erwartete ich, den Musiker aus dem Theatereingang hinter mir zu sehen.

Nichts. Die Köpfe und Gesichter der Passanten verschwammen zu einer grauen, sich ständig ineinander verschiebenden Masse. Auch die Frau war verschwunden.

Wie als Antwort bildete sich in einer versteckten Windung unterhalb meines Bauches ein merkwürdiges Ziehen. Unangenehm. Ich verzichtete darauf, mich in den wogenden Strom der Passanten einzureihen. Stattdessen trat ich ein paar Schritte zur Seite. Ein paarmal atmete ich tief durch. Die kalte Luft brachte mich wieder einigermaßen zur Besinnung.

Inzwischen war es fast dunkel geworden. Überall entlang der Bertoldstraße drängte der helle Schein aus den Schaufenstern der Geschäfte nach draußen. Durch die oberen Stockwerke der Universität und der neuen

Bibliothek wand sich ein gezacktes Band aus Neonröhren, ihr Licht spiegelte sich in der glatten Oberfläche des neu gestalteten Synagogenplatzes.

Mein Blick wanderte über die imposante Eingangsfront des Theaters mit seiner breiten Treppe und den Säulen und Sandsteinfiguren nach oben zu der klotzigen Leuchtschrift unterm Dach: Heart of the City. Die ersten beiden Buchstaben wechselten in unregelmäßigen Abständen von hell zu dunkel und wieder zurück. Das Herz wurde zur Kunst zum Herzen der Stadt. So zumindest sahen es die Theatermacher. Ich sah und fühlte in diesem Moment etwas anderes. Mein Gefühl sprang im Wechsel der Leuchtschrift vom Kopf zum Bauch und wieder zurück. Die Fantasie der Kinobilder vermischte sich mit dem Drang in meinem Unterleib, schlug um sich und verwandelte sich zu Gedanken, die wie von plötzlichem Licht aufgescheuchte Kellerasseln panisch umhersprangen.

Was sollte ich tun? Als ich viel später die Situation in Ruhe nacherleben durfte, wurde mir klar, dass dies der Moment war, an dem ich zum letzten Mal vernünftig hätte eingreifen können. Noch gab es Rückzugsorte, an denen ich sicher war und wo ich mir Erleichterung hätte verschaffen können – das Foyer der Unibibliothek, die irische Kneipe hinter dem Theater, das Kollegiumsgebäude der Hochschule.

Doch die Vernunft prallte zurück an Furcht und falschem Ehrgeiz. Anstatt mich zurückzuziehen, trieb es mich weiter, mitten ins Herz der Stadt.

Ich zog meinen Mantel fester um mich und lief los. Das Ziehen im Unterleib hatte sich verstärkt. Erste kleine Schmerzen blitzten durch Bauch und Beine. Obwohl es mich jetzt mit Macht vorwärtsdrängte, musste ich das Tempo reduzieren und meine Schritte vorsichtiger setzen. Dazwischen immer wieder ein Blick zurück. Der Junge vor der Buchhandlung, wohin sah er? Wo war die Frau mit dem roten Schal?

Es war Zeit, den geeigneten Ort zu finden. Meine Schritte wurden wieder schneller. Doch es war schwierig. Die ehrwürdige Universitätskirche bot ebenso wenig Gelegenheit wie das Uniseum, das hinter einer hohen Mauer die Geschichte der Freiburger Wissenschaften beherbergt. Ich hätte in einem der Läden verschwinden können. Doch überall war der Andrang der Adventseinkäufer groß und das Durchkommen schwierig. Zudem war es zu spät, mich auf Spekulationen und einen möglichen Misserfolg einzulassen.

Am Platz um den Bertoldsbrunnen kreuzten sich eben drei Straßenbahnen aus verschiedenen Richtungen. Dazwischen auch hier überall Menschen, auf dem Gehweg, auf der Straße. Unter den Arkadenbögen des großen Eckhauses hielt ich kurz inne und schaute zurück. Im Gewimmel der Passanten glaubte ich für einen Moment eine dunkle Kapuze zu erkennen, doch ich konnte mich täuschen. Dafür leuchtete ein roter Schal aus dem gleichförmigen Grau. Die Frau stand vor einem Reisebüro und schien in die Angebote vertieft zu sein. Dazwischen blickte sie einige Male kurz in meine Richtung, so als ob sie etwas suchen würde.

Was war hier los?

In mein zermartertes Gehirn schlich sich ein Gedanke ein, der mir Hoffnung zurückbrachte. Ich erinnerte mich an einen Ort, an dem ich schon oft vorbeigegangen war, ohne ihn zu beachten. Nie hätte ich geahnt, dass ich dort einmal Zuflucht suchen würde. Doch jetzt war nicht die Zeit für falschen Stolz. Was jetzt zählte, war eine rasche Lösung, ehe mich Furcht und Schmerz vollends überwältigen würden.

Ich wartete, bis auch die letzte der drei Straßenbahnen vorüber war, überquerte den Bertoldsplatz und hastete weiter, so gut es meine mittlerweile erbärmliche Verfassung erlaubte. Jeder Schritt war mühsam. Das Gedränge der Einkaufspassanten unter den Bogengängen auf beiden Seiten der Straße verlangsamte das Vorwärtskommen. Zusätzlich hatten sich in unregelmäßigen Abständen größere Ansammlungen gebildet, die im Halbkreis um alle möglichen Musikgruppen und Kleinkünstler herumstanden. Teils andächtig, teils fasziniert verfolgten sie die Darbietungen. Akkordeonspieler aus Osteuropa ließen ihre herzzerschmelzenden Sehnsuchtsmelodien ebenso erklingen wie folkloregerecht in buntgewebten Ponchos aufgemachte Nachkommen südamerikanischer Indianer mit Trommeln, Flöten und Gitarren. Ein über die Jahre ergrauter Altachtundsechziger gab auf einer abgeschrammelten Gitarre Protest- und

Kampflieder zum Besten. Ein paar Schritte weiter flötete die fünfte Klasse der Waldorfschule ebenso unermüdlich wie unerbittlich hinter ihren Notenständern den traditionellen Weihnachtsliederkanon herunter. Ein handgemaltes Schild wies auf ihre Klassenfahrt im kommenden Jahr hin.

Adventszeit – Zeit der Hoffnung, Zeit des Friedens. Wie gerne wäre ich stehen geblieben und hätte gelauscht, wie gerne hätte ich an einem der kleinen Straßenstände eine Tüte heiße Maroni gekauft und in Ruhe Stück für Stück verzehrt! Doch wenn ich jetzt innehielt, war alles verloren. Meine Augen füllten sich mit Wasser, halb blind stolperte ich vorwärts. Längst achtete ich nicht mehr darauf, andere nicht anzurempeln oder ihnen auszuweichen. Das Ziel vor Augen zog es mich immer weiter.

Endlich tauchte auf der rechten Seite der Basler Hof auf. Wie oft war ich auf einer der Bänke vor dem mächtigen Repräsentationsgebäude aus dem Mittelalter gesessen, hatte die Abendsonne vom Westen her durch die Schiffstraße genossen und das Geschehen um mich herum vorbeitreiben lassen. Glückliche Zeiten! Heute waren die Bänke dicht besetzt, Wintermantel an Anorak an dicker Strickjacke, dazwischen Einkaufstüten, Smartphones und Coffee to go.

Schwer atmend stützte ich mich an eines der mannshohen Hörner des Kaiser-Stiers auf der gegenüberliegenden Straßenseite. Auch hier saßen die Menschen dicht an dicht, mit dem merkwürdigen gleichzeitigen

Ausdruck von Hektik und Zufriedenheit, so wie es nur die Vorweihnachtszeit hervorbringt.

Ich konnte mich kaum mehr rühren. Der Schweiß brach mir aus allen Poren, meine Hände zitterten, Wellen von Schmerz durchzogen meinen Unterleib. Und überall die Augen. Alle beobachteten mich, alle musterten mich, warteten auf das, was passieren würde.

Ich nahm meine letzten Kräfte zusammen und taumelte in den hell erleuchteten Eingang des großen Gebäudes. Überall leuchteten elektrische Kerzen, funkelten silberne und goldene Sterne. Leise rieselte der Schnee und jingleten die Bells aus unsichtbaren Lautsprechern. Widerstandslos ließ ich mich in den völlig überfüllten Zugängen vorwärtsschieben, blind vor Angst und Verzweiflung, einzig getrieben durch die letzten Reste von Willen, Hoffnung und Scham.

Wenige Meter vor dem Ziel holte mich endgültig jener Schmerz ein, den ich zum ersten und einzigen Mal als damals Achtjähriger in einer Turnstunde erlitten hatte. Damals hatte ich alles um mich herum vergessen, war völlig aufgegangen im Spiel, ehe sich der höllisch quälende Stich völlig unvorbereitet in meinen Unterleib gebohrt hatte. Es war mir eine Mahnung für den Rest meines Lebens. Nie wieder wollte ich so etwas erleben müssen, nie wieder eine solche Hilflosigkeit erdulden. Jetzt war es wieder so weit.

Ich weiß nicht mehr, wie ich am Ende den Eingang fand, wie ich die Tür hinter mir zumachte. Vorsichtig tastete ich über meinen Bauch. Quer durch meine

Eingeweide zog eine Rasierklinge. Der Schmerz schüttelte und lähmte mich mit mächtiger, unbarmherziger Faust. Ich musste alle Kraft aufwenden, um nicht an der kahlen Wand auf den Boden hinunterzurutschen.

Mühsam drehte ich den Kopf zur Seite. Es gab niemanden, von dem Hilfe zu erwarten war. Ich musste es allein zu Ende bringen. Nur noch wenige Zentimeter …

Für einen Moment war alles still.

Dann brach es aus mir hervor, ungehemmt, ungezügelt, mit schmerzhafter Wucht. Alle Schleusen öffneten sich. Die ungeordneten Fetzen meines Innersten flossen davon auf Nimmerwiedersehen, rüde durchmischt verschwanden Schweiß, Tränen und übler Odor in das schwarze Loch des Vergessens.

Am Ende war ich leer, ausgepumpt und erschöpft wie ein vergessener Gummireifen auf einer Mülldeponie. Ich wünschte mir nichts sehnlicher, als zu Hause auf dem gemütlichen Sofa zu liegen und alles um mich herum zu vergessen.

Weißes Licht. Weiße Hitze.

Die Rückkehr in die Realität war unerbittlich. Mit einem Schlag wurde mir bewusst, dass es noch nicht vorbei war. Natürlich wusste ich, dass ich hier nicht bleiben durfte und nicht bleiben konnte. Noch nie hatte es einen gegeben, der dies gewagt hatte. Doch wie sollte ich den Ausgang passieren, ohne aufzufallen, ohne sofort Verdacht zu erregen?

Der penetrante Geruch von Desinfektionskugeln

mischte sich mit einem undefinierbaren gurgelnden Wassergeräusch, das von irgendwoher kam und ebenso unerkannt wieder verschwand. Meine Augen glitten durch den nur wenige Quadratmeter großen Raum. Die dunkelgrünen, seelenlosen Kacheln waren überall, am Boden mit dem kleinen Metallausfluss über die Wände bis hinauf zur Decke. Direkt über mir hingen drei gleißende Neonröhren, von denen die mittlere in unregelmäßigen Intervallen nervös zuckte. Es gab kleine Kammern am Ende des Raumes, notdürftig mit billigen Plastiktüren abgeteilt, und weiße, merkwürdig geformte Porzellanschalen an den Wänden.

Und immer wieder Spiegel, Spiegel überall. Ich stöhnte auf. Von überall sah es mir entgegen, das verschwitzte Gesicht, der unnatürlich rote Hals, die in Strähnen über die Stirn hängenden Haare.

Ich konnte mich nicht abwenden und versuchte es trotzdem. Langsam und vorsichtig näherte ich mich der schmalen, glattweißen Sichtblende an der Stirnseite des Raumes. Die Tür war direkt dahinter. Ich konnte kein Schloss erkennen, noch nicht einmal eine einfache Klinke. Es gab lediglich einen großen, vertikal angeschraubten Messinggriff.

Wie lange war es her, seit ich durch diese Tür gekommen war – eine Stunde, ein Tag, eine Minute? Ich hatte geahnt, worauf ich mich einlassen würde, als ich hier durchgehetzt war mit dem einen, alle Gedanken und Gefühle, den ganzen Körper bis zur Grenze beherrschenden Ziel.

Vorsichtig stieß ich sie mit den Fingerspitzen an. Die einfache Berührung ließ sie leicht in ihren Angeln schwingen wie eine Saloontür in einem Wildwestfilm.

Dann sah ich sie. Eine weiß gekleidete Gestalt direkt vor der Tür. Ich saß in der Falle. Ich wusste, sie würde mir den Ausgang verwehren, energisch und ohne Kompromisse. Wenn nicht …

O nein! Ich wandte mich ab und vergrub das Gesicht in den Händen. Welch ungeheure Schmach, welch erbärmlicher Verrat an den Idealen meiner Jugend, meines stolzen Lebens!

Wieder glitt mein Blick durch den Raum. Mein gemarterter Kopf signalisierte mir die Absurdität meiner Situation. Ein Gefängnis wie in einem Hygieneinnengehege für Menschenaffen - überschaubar, pflegeleicht, sauber. Und unter Kontrolle.

War ich das – nicht mehr als ein halbwegs intelligenter Primat, all meinen Trieben und Ängsten ausgeliefert? Vielleicht war ich längst zu einem Experiment geworden, das mich demütigte und dessen Regeln ich nicht kannte. Vielleicht waren die Wände wie bei den berüchtigten Verhörzimmern der Tatort- und SOKO-Kommissare halb durchsichtig, vielleicht standen sie in eben diesem Moment draußen und beobachteten mich, wie ich unruhig die Wände entlangstrich, wie ich ratlos in die Spiegel starrte, wie ich verzweifelt zusammengekauert auf dem Boden saß.

Ich musste unbedingt wieder einen klaren Kopf bekommen. Ich straffte mich, strich mir die Haare aus dem Gesicht und klopfte mit den Handflächen auf die Wangen. Ich wollte es in Würde zu Ende bringen. Es half alles nichts, ich musste raus hier, ehe ich vollends den Verstand verlor.

Wieder näherte ich mich leise der Schwingtür. An ihrer Längsseite entdeckte ich einen millimeterbreiten Spalt, durch den ich hinaussehen konnte. Helles Licht ließ mich zurückzucken, doch dann gewahrte ich die Beine eines einfachen Plastikstuhls an einem Tisch, auf dem ein leerer Teller stand. Gläser und Besteck konnte ich nicht erkennen. Vorsichtig drückte ich die Tür ein wenig weiter auf. Auf dem Stuhl war der Teil eines Rückens zu erkennen. Die weiß gekleidete Gestalt saß reglos vor mir. Kein Gesicht.

Ich zuckte erschrocken zurück, als sie sich mit einem Mal plötzlich umdrehte. Ich spürte, wie die Tür an meiner Wange zitterte. Eine Frau, Ende 50, mit herrischem Blick und strengen Gesichtszügen. Hatte sie mich gesehen? Wer war sie?

Ich drehte mich mit dem Rücken zur Wand und presste mein Ohr von innen an die Seite der Tür. Nur undeutlich konnte ich hören, wie die Frau mit jemandem sprach. Ein weiterer Aufseher? Die Schritte entfernten sich, und die Frau murmelte einige Worte in einer mir unbekannten Sprache.

Als mein Blick wie zufällig das Zifferblatt meiner Uhr streifte, fiel mir siedend heiß etwas ein, das ich die ganze Zeit über verdrängt hatte. Etwas völlig anderes. Noch sieben Minuten! Wenn ich zu spät kam, hatte ich keine Gnade zu erwarten. Es würde mir ein Schreckensszenario drohen, gegen das die letzten Minuten ein Kindergeburtstag gewesen wären.

Eine Idee, ich brauchte dringend eine Idee!

Unerbittlich tickte die Zeit herunter, während mir die Gedanken wild durch meinen Kopf schossen. Ob ich versuchen sollte, sie abzulenken? Ich könnte einen kleinen Papiertaschentuchbrand entfachen. Wenn sie dann hereinstürzte, gelang es mir vielleicht, schnell an ihr vorbei…

Ich schüttelte den Kopf. Zu umständlich. Zu zeitraubend. Und vor allem: zu unsicher! Wenn es nicht auf Anhieb klappte, würde alles noch schlimmer werden.

Noch sechs Minuten. Meine Fantasien wurden immer abwegiger, meine Lage immer verzweifelter. Sollte ich lautstark einen der Spiegel zertrümmern? Sollte ich einen Selbstmord vortäuschen mit Röcheln, Schaum vor dem Mund und blutenden Handgelenken?

Keine Chance. Alles war nicht effektiv genug. Vor allem dauerte es zu lange. Noch fünf Minuten.

Es musste die völlige Ausweglosigkeit gewesen sein. Es war nicht anders erklärbar, nicht anders entschuldbar, dass meine Gedanken mit einem Mal in eine völlig andere Richtung umschwenkten. Zu einer Lösung, die ich bisher unter allen Umständen zu vermeiden gesucht hatte. Doch ich konnte nichts dagegen tun. Mein Widerstand löste sich zusehends auf. Mein

Inneres befreite sich von Taschentüchern, Lampen und Spiegeln. Langsam, aber unerbittlich zog es mein Bewusstsein zu meiner Jackentasche und dem, was ich dort bei mir trug. Meine Finger folgten den Gedanken, tasteten sich unaufhaltsam voran.

So musste es denn sein! Auch wenn allein die Vorstellung mich an den äußersten Rand meiner Willenskraft zog. Das Unerhörte, Unaussprechliche nahm immer mehr Gestalt an. Es war die letzte, die allerletzte Möglichkeit, die ich mir bisher strengstens versagt hatte. Niemals hätte ich auch nur an das zu denken gewagt, was nun passieren würde.

Also griff ich denn mit einem letzten, gewaltigen Willensimpuls nach meinem Geldbeutel, öffnete ihn und nahm eine 50-Cent-Münze heraus. Ich hielt sie vor mir mit zitternden Fingern, der matte Glanz des Metalls funkelte mir hohnlachend entgegen. Ich hatte verloren.

Dann ging alles ganz schnell.

Betont gleichmütig legte ich die Münze auf den Teller zu den anderen. Die Frau im weißen Kittel nickte mir routiniert freundlich zu, doch ich reagierte nicht. So rasch es ging, bahnte ich mir meinen Weg über die Kaufhaustreppen nach unten. Das emsige Hin- und Herwogen der Passanten in der Kaiser-Joseph-Straße nahm mich auf, trieb mich voran und entließ mich an der Straßenbahnhaltestelle vor dem Martinstor.

Veronika, die beste Ehefrau von allen, erwartete mich bereits ungeduldig.

»Das wurde aber auch Zeit«, raunzte sie. »Das Kino ist doch längst zu Ende!«

Gegen Veronikas Ärger halfen keine Ausflüchte. Ich wusste es, und sie ebenso. Ich schluckte meinen Stolz hinunter und beschloss, es zumindest mit der halben Wahrheit zu versuchen. Mit ein paar Worten berichtete ich, warum ich aufgehalten worden war. Den Schluss ließ ich weg. Das Ganze war peinlich genug.

Veronika zog mich in die offene Tür der Straßenbahn. In ihrem Gesicht spiegelte sich die Bandbreite all dessen, wozu eine Ehefrau in der Lage war. Ich war auf alles gefasst.

Doch der Adventsfriede hatte auch von ihr Besitz ergriffen. Sie beließ es bei einem Kopfschütteln und einem halbherzigen Seufzer.

»Dass ihr Männer immer ein solches Theater macht, wenn ihr mal auf die Toilette müsst …«

Stadttheater

Eröffnet 1910. Neben dem Großen Haus gibt es weitere Aufführungsräume. Oper, Schauspiel, Tanz, Chorgesang, Orchester, literarische Lesungen.

UB

2015 bezogener Neubau der seit dem 15. Jahrhundert bestehenden Universitätsbibliothek am Rotteckring. Besonders auffällig sind die unregelmäßigen Fensterfassaden, die dem Gebäude das Aussehen eines großen Kristalls verleihen. Bei starker Sonneneinstrahlung teilweise verhängt, um Blendungen des Verkehrs zu vermeiden.

Platz der Alten Synagoge

Öffentlicher Platz zwischen Stadttheater und Universität. 1870 bis zur Zerstörung 1938 Standort der Synagoge. Mehrere Kunstwerke und Erinnerungsdenkmäler:

- Die Liegende (Reclining Figure): Skulptur von Henry Moore (1953)
- Rotteckdenkmal: der Freiburger Karl von Rotteck (1775–1840) war Staatswissenschaftler, Historiker und liberaler Politiker.

- Gedenktafel zur Zerstörung der Synagoge 1938
- Gurs-Wegweiser: erinnert in Form eines Straßenschildes an die Deportation der badischen Juden 1940 nach Frankreich.

Seit 2012 ist der Platz Teil des städtebaulichen Großprojekts »Stadtbahn und Umgestaltung Rotteckring«, geplante Fertigstellung 2018.

Albert-Ludwigs-Universität

Gegründet 1457 durch den österreichischen Erzherzog Albrecht VI., dadurch eine der ältesten Universitäten im deutschen Sprachraum. Studium aller grundlegenden wissenschaftlichen Fachbereiche. Studenten waren unter anderen Hannah Arendt, Martin Heidegger, Konrad Adenauer, Walter Jens und Wolfgang Schäuble. Derzeit zirka 25.000 Studierende.

Universitätskirche

Katholische Kirche, ehemals Kirche des Jesuitenkollegs. 1683–1701 erbaut. Im Zweiten Weltkrieg zerstört, Mitte der 50er-Jahre wieder aufgebaut beziehungsweise restauriert. Bekannt unter anderem durch die geschnitzte Christusfigur an einem 16 Meter hohen Stahlträger im Altarraum. Wegen ausgezeichneter Akustik finden häufig Orgelkonzerte statt.

Uniseum

Museum der Universität, eröffnet 2004. Ehemaliges Jesuitenkolleg. Ausgestellt wird die Geschichte der Universität seit der Gründung 1457 bis ins 20. Jahrhundert.

Am Bertoldsbrunnen

Kreuzung der wichtigsten Straßen im Zentrum der Stadt. Seit dem Mittelalter Standort eines Brunnens. Heute modernes Reiterstandbild zur Erinnerung an die Herzöge von Zähringen, den Gründern der Stadt. Der ursprüngliche mittelalterliche Marktbrunnen steht heute auf dem Münsterplatz, der alte Bertoldsbrunnen wurde 1944 bei einem Luftangriff zerstört.

Kaiser-Stier

Die Plastik des Bildhauers Franz Gutmann wurde 1988 vor dem Modehaus Kaiser in der Kaiser-Joseph-Straße errichtet. Die polierte steinerne Sitzbank ist mit einem symbolisierten Stierhaupt mit riesigen Hörnern versehen.

Basler Hof

Im 15. Jahrhundert erbautes, ursprüngliches Adelsgebäude, später Sitz des Basler Domkapitels. Danach Verwaltungs- und Repräsentationsgebäude, unter anderem von Vorderösterreich und Frankreich. Nach dem Krieg Wiederaufbau.

1950 bis 1952 Sitz des Badischen Außenministeriums. Heute Sitz des Regierungspräsidiums Freiburg.

Le Buffet / Karstadt Dachterrasse

SB-Restaurant im obersten Stock des Kaufhauses Karstadt. Die große Dachterrasse mit herrlichem Blick auf den Münsterturm und den Schlossberg ist bei Einheimischen, Studenten und Touristen gleichermaßen beliebt. Teilweise überdacht, zu allen Jahreszeiten geöffnet.

10. EISKALTER TOD

»Die Engländer kommen!«

Der alte Dobelbauer auf der Ofenbank hob kaum merklich den Kopf. Seine Stimme klang brüchig.

Er richtete sich auf, versuchte aufzustehen, seine Knie zitterten.

»Die Engländer! Die Engländer sind wieder da!«

»Ist schon gut, Großvater.« Die Frau faltete die Zeitung zusammen, warf sie auf die Bank und ging durch die Küche zum Ofen. Sie setzte sich neben den alten Mann und legte ihren Arm um seine schmalen Schultern.

»Ist schon gut!« Liebevoll streichelte sie mit der Rückseite ihrer Finger die rosigen, fast durchsichtigen Wangen. »Ist schon gut!«

Der Alte stieß einen Seufzer aus und sank zurück.

»Die Engländer! Sie kommen. Ich habe es gewusst. Sie haben nicht vergessen, wie …«

Die Safetür schwang auf.

Berts Gesichtszüge entspannten sich. »Geschafft.« Über seinen Mund zog ein zufriedenes Lächeln.

»Lass sehen.« Ernie trat neben seinen Komplizen und ließ den Strahl der Stablampe über die dunkle

Öffnung wandern. Er nickte. »Genau so habe ich es mir vorgestellt.«

Der Inhalt des Tresors war ebenso penibel und aufgeräumt, wie er es von seiner Besitzerin erwartet hatte. Elenora Freifrau von Birseck war alleinige Inhaberin der Somo-Pharma, eines Chemieunternehmens, das sich im Kielwasser der Basler Pharmariesen erfolgreich eingerichtet hatte und seit Jahren prächtig gedieh. Dass die mit 74 Jahren überaus rüstige Geschäftsfrau und Edeldame neben unzähligen Kavalieren nicht weniger als vier Ehemänner erlebt und überlebt hatte, war nur eine der vielen Verrücktheiten, die ihr ansehnliches Vermögen ihr ermöglichte. Dazu gehörten ihre zahlreichen Bungalows, Häuser, Chalets und Wohnungen in der Schweiz und im nahen Ausland. Das schlossähnliche Domizil am Freiburger Lorettoberg, das ihr Manager von einer zerstrittenen Erbengemeinschaft zu einem lächerlich überhöhten Preis erworben hatte, war in den letzten beiden Jahren zu ihrem Lieblingsaufenthaltsort geworden.

Ernie hatte nicht nur das herausgefunden. Was ihrer Unternehmung besonders zugutekam, war der Edelfrau mädchenhafte Leidenschaft, einmal im Jahr nach Aruba in die Karibik zu fliegen und sich von gut gebauten Strandburschen das Gefühl von Jugend und Begehrtheit einzukaufen.

Doch letztlich hatte eine ganz besondere Marotte der Freifrau den Ausschlag gegeben, dass Ernie sich in seiner Planung für dieses Haus entschieden hatte.

Die edle Dame pflegte in ihren jeweiligen Domizilen eine nicht unerhebliche Menge Bargeld aufzubewahren. So sehr in ihrem hochmodernen Betrieb mit großer Selbstverständlichkeit Geldsummen jeglicher Größenordnung elektronisch rund um den Erdball transferiert wurden, desto gegensätzlicher pflegte Elenora Freifrau von Birseck im Privatleben die altmodische Variante.

Bert hatte sich um all das nicht gekümmert. Für ihn war es wichtig, die Hausbesitzerin weit weg zu wissen und ungestört zu sein. Er konnte in Ruhe arbeiten, und so war es für ihn als gelernten IT-Spezialisten ein Leichtes, die betagte Alarmanlage außer Betrieb zu setzen und das elektronisch gesicherte Safeschloss zu knacken.

Im mittleren der drei geräumigen Tresorfächer blieb der Strahl der Lampe an mehreren exakt ausgerichteten Papierstapeln hängen. Neben dem vornehmen Violett der großen Scheine leuchteten das Gelb und Grün der Zweihundert- und Hunderteuronoten, auf beiden Seiten vielversprechend eingerahmt von jeweils einem beträchtlichen Stapel Schweizer Franken und amerikanischen Dollars.

»Irre!«, flüsterte Bert. »Das sind doch mindestens …«

»250.000. Eine Viertelmillion.« Auch Ernie war von dem Anblick beeindruckt. »Elenoras Bargeldreserve.«

»Ich glaub's ja nicht!« Berts Augen leuchteten. Er hatte noch nie zuvor eine solch große Menge Geld auf einem Haufen gesehen. »Leuchte mal, vielleicht ist hier noch mehr!«

Im unteren Fach standen in Reih und Glied säuberlich beschriftete Ordner. Bert zog einen von ihnen heraus und schlug ihn auf. »Sieht aus wie Briefe oder Verträge. Nichts für uns.« Er stellte den Ordner zurück und wandte sich dem oberen Fach zu. »Aber hier, sieh mal!«

Er zog eine Schatulle heraus, die fast den ganzen Hohlraum ausfüllte. Sie war aus dickem Leder mit Metallbeschlägen an den Ecken, und sie war unverschlossen. Bert klappte den Deckel auf und pfiff durch die Zähne. Der Anblick brachte ihn für einen Moment außer Fassung. Perlenketten, Armbänder, Broschen, Ringe und ein breites, mit blitzenden Steinen geschmücktes Collier funkelten ihm entgegen. »Wer hat, der hat. Mein lieber Mann. Das ist ja noch einmal eine Viertelmillion! Wenn nicht mehr!«

»Wir lassen das liegen.«

Bert fuhr herum. »Spinnst du?« Er glaubte, nicht richtig zu hören. »Das Zeug liegt vor unserer Nase – und wir sollen nicht zugreifen?«

Ernie begann, die Geldbündel in die mitgebrachte Sporttasche zu stopfen. »Ich den Plan, du den Bruch. Das war das Abkommen. Und mein Plan sagt: nur das Geld. Bisher hat doch alles hundertprozentig geklappt, oder?«

»Schon, aber überlege doch einmal …«

»Die Überlegungen sind längst abgeschlossen.« Ernie hatte das Fach fast leer geräumt.

»Aber …«

»Zum Mitschreiben: Bargeld ist einfacher. Nicht nur beim Teilen. Den Schmuck zu verkaufen ist umständlich und nicht ungefährlich. Außerdem zahlt der Hehler nur einen geringen Teil des tatsächlichen Wertes. Und noch eines«, er steckte das letzte Frankenbündel in die Tasche und zog den Reißverschluss zu, »wer weiß, was der Schmuck für die Dame bedeutet. Persönliche Erinnerungen, Eitelkeiten, Erbstücke, was weiß ich. Es kann sein, dass sie mit ihren Beziehungen das halbe BKA verrückt macht, danach zu suchen. Geld ist neutral. Geld ist unpersönlich. Außerdem hat sie genug davon.« Er stand auf. »Genug gequatscht jetzt. Mach deine Arbeit zu Ende.«

Bert schüttelte den Kopf, doch er fügte sich, auch wenn er Ernies Meinung nicht teilte. In einem wesentlichen Punkt hatte sein Komplize zweifellos recht: Bisher war alles wie am Schnürchen gelaufen.

Bert schloss die Safetür, stellte die Sicherung wieder ein und fuhr am Ende die Alarmanlage wieder hoch. Ernie achtete sorgfältig darauf, alles so zu hinterlassen, wie sie es vorgefunden hatten. Bei all seinen bisherigen Coups war das seine Richtschnur gewesen. Exakte Planung, saubere Durchführung, und am Ende die geräuschlose Rückkehr in die Normalität des Alltags.

»Erledigt.« Ernie nickte zufrieden, als sie draußen auf der Straße waren. Er sah zurück. Im tief verschneiten Garten war es ruhig. Auf dem sorgsam gestreuten

Zugang zur Eingangstür hatten sie keine Spuren hinterlassen. »Der Hausverwalter kümmert sich regelmäßig darum, auch wenn die Dame weg ist.« Er deutete die Straße hinunter. »Und jetzt los. Nicht überhasten.«

Bert zwang sich, ruhig zu bleiben.

»Was – kein Fluchtwagen?«, hatte er erstaunt gefragt, als Ernie ihm die abschließenden Details seines Planes erörtert hatte.

»Doch, schon. Aber nicht am Lorettoberg. Autos haben Kennzeichen, Autos haben bestimmte Farben und Marken. Autos können falsch geparkt sein. Alles planerische Schwachpunkte. Unser Fluchtwagen wird am Schauinsland stehen.«

»Am Schauinsland? Aber das ist ja praktisch am anderen Ende der Stadt!«

»So ist es. Ausreichend weit entfernt. Und dort, wo es die Polizei am wenigsten vermuten wird.«

»Und wie sollen wir …?«

»… dort hinkommen? Die Frage habe ich erwartet. Die Antwort ist einfach: so wie andere auch.«

Ernie hatte an jedes Detail gedacht. Zur Haltestelle in der Holbeinstraße waren es nur wenige Minuten. Sie waren nicht die einzigen, die auf die Straßenbahn nach Günterstal warteten. Eine fünfköpfige Wandergruppe mit typischem Kniebundhosen-Socken-Outfit und gut gefüllten Rucksäcken stand ebenso auf dem schmalen Bahnsteig wie ein lässiger Teenie mit einem knallbunten Snowboard unterm Arm, eine Mutter mit

Kinderwagen und ein müde dreinblickender Arbeiter in farbverspritzter Latzhose und altem Armeeanorak.

Bert schlug die Hände aneinander. Der Dezembernachmittag war empfindlich kalt. Die Freifrau wusste, warum sie sich gerade jetzt in der Karibik in der Sonne aalte. Mit dem Anteil an dem Inhalt der Sporttasche würde er das künftig genauso machen können.

»Siehst du, so fallen wir am wenigsten auf«, raunte Ernie seinem Begleiter zu.

»Anders als das komische Ding da drüben«, antwortete Bert.

Er wies auf eine unförmige Skulptur, die mitten auf der verschneiten Wiese neben der Haltestelle stand. Sie ähnelte entfernt einem Reh oder einem Pferd. Angesichts der groben Farbschichten, mit der sie dick bemalt war, war dies kaum auszumachen. Das Fabeltier trug einen roten Mantel mit weißem Saum, die Beine steckten in ebenfalls aufgemalten schwarzen Stiefeln. Über den Kopf war eine echte rote Bommelmütze gezogen.

»Seltsames Völkchen, diese Freiburger«, meinte Bert, nachdem sie eingestiegen waren. Im Gegensatz zu Ernie, der sich bestens auskannte, war er erst einmal zuvor in der Stadt gewesen.

Ernie lächelte. »Da gibt es noch mehr. Ein Krokodil im Kanal zum Beispiel. Ein Affe hinter Gittern. Und ein Denkmal für eine Ente.«

»Kein Wunder, bei einem grünen OB«, gab Bert zurück. »Fehlt nur noch, dass sie Sonnenkollektoren auf das Münsterdach schrauben.«

Ernie löste am Automaten zwei Fahrkarten, dann stiegen sie ein, als die Bahn kam. Die Wagen war gut gefüllt, so dass sie im Eingangsbereich stehen mussten. Nach kurzer Zeit hatten sie die Stadtgrenze hinter sich gelassen. Auf beiden Seiten breiteten sich tief verschneite Wiesen aus. Das Tal verengte sich zusehends, eine dunkle Baumkulisse zog über die Hänge nach oben zu den Bergkämmen.

Die gleichmäßigen Fahrgeräusche und die abgestandene warme Luft machten Bert rasch schläfrig. Er spürte, wie die Anspannung allmählich von ihm abfiel. Es würde eine Weile dauern, bis jemand den Einbruch bemerkte. Bis dahin konnte er bereits im Flieger sitzen, unterwegs zu den sonnigen Gefilden. Hin zu Strand, Meeresrauschen, exotischen Cocktails, Reggaemusik …

»Günterstal. Hier ist die Endstation!« Ernies Stimme riss Bert aus seinen Träumen. »Wir müssen umsteigen.« Er stieß ihn in die Seite und deutete zum Fenster hinaus. Die Bahn fuhr eben durch ein schmales Tor und hielt kurz darauf an der Endhaltestelle. Die beiden Wagen leerten sich rasch. Die Hälfte der Mitfahrer stieg zusammen mit ihnen in den bereitstehenden Bus. Dieses Mal hatten sie einen Sitzplatz.

»Straßenbahn, Bus, Seilbahn. Und dann sind wir weg!« Ernie fasste noch einmal ihren Fluchtweg zusammen. »Die Hälfte haben wir schon.«

»Sag mal, das mit der Bergbahn, muss das sein?« So gut sich Bert in Kellern, Schächten und engen Treppenhäusern bewegte, umso unangenehmer waren ihm hohe Gebäude, Dächer oder gar Türme. Dieser Teil von Ernies Plan verlangte ihm alles ab.

»Das tun, was alle machen. Die perfekte Tarnung.« Ernie gab sich äußerst selbstsicher. »Du wirst sehen. Spätestens in einer Stunde sind wir über alle Berge.« Er lachte leise. »Im wahrsten Sinne des Wortes.«

Bert schwieg. Ernie duldete keinen Widerspruch. Außerdem war es ohnehin zu spät, die Planung noch einmal umzustellen. Ihr Auto wartete am Parkplatz auf der Passhöhe, eine andere Möglichkeit gab es jetzt nicht mehr.

An der Talstation der Schauinslandbahn leerte sich der Bus fast ganz, nur Wenige fuhren nach Horben weiter. Mit Ernie und Bert stiegen die Wanderer und der Snowboarder aus. Am Fahrkartenschalter der Bergbahn drängten sich bereits weitere Gäste. Schon von Weitem hörte Bert lautes Stimmengewirr, durchzogen von eindeutigen Unmutsäußerungen.

»Letzte Talfahrt heute bereits um 16:30 Uhr.« Ein handgeschriebenes Schild hinter der Glasscheibe an der Kasse war offenbar die Ursache für den Tumult.

»Es ist schlechtes Wetter angesagt.« Die Dame hinter der Kasse bemühte sich, die Contenance zu bewahren. »Der Betrieb der Seilbahn ist dann nicht mehr zu verantworten.«

»Schlechtes Wetter!«, höhnte einer der Wartenden, der sich mit beiden Händen an der Kassentheke abstützte. »Das bisschen Schnee nennen Sie schlechtes Wetter? Wir wollen Skifahren. Wie sollen wir sonst hinaufkommen?« Seine Begleiterin, eine braungebrannte, sportliche Brünette, funkelte mit den Augen.

»Die Lifte sind bereits außer Betrieb«, gab die Kassiererin ungerührt zurück.

»Unerhört. Und das erfahren wir erst jetzt? Eine Frechheit ist das! Ist ja auch kein Wunder, bei diesem – Provinzkaff.« Der Mann verzog das Gesicht. »Komm, Regina, wir gehen. Das war das letzte Mal, dass wir hier waren!«

Einige der Wartenden zogen nun ebenfalls enttäuscht wieder ab. Die anderen begleiteten den Abgang mit leicht spöttischem Lächeln.

»Ist es wirklich so schlimm?«, fragte einer der roten Kniestrumpfwanderer.

»Sieht ganz so aus. Oben ist's schon neblig. Es wird schneien, ganz sicher. Das wird kein Vergnügen heute.«

Nach kurzer Beratung stiegen die Wanderer dennoch in die herankommende Gondel ein. Bert hörte heraus, dass sie sich die Bergwanderung nicht entgehen lassen wollten. Nun hatten sie kurzfristig umgeplant und wollten einen der Waldwege zurück ins Tal nehmen.

Der junge Snowboarder neben ihnen hatte während all dessen keine Miene verzogen. Er rückte die Ohrenstöpsel seines Musikspielers zurecht und bewegte den Kopf in regelmäßigem Rhythmus hin und her.

Während der Fahrt vermied es Bert, nach draußen zu schauen. Jedes Mal, wenn das sanfte Emporschweben durch einen der Stützpfeiler mit einem Ruckeln unterbrochen wurde, traten ein paar mehr Schweißperlen auf seine Stirn. Er hielt seinen Blick fest auf ein Werbeplakat gerichtet, das an der Innenwand der Gondel angebracht war. Ein stilisiertes Schwarzwaldmädchen warb für irgendeine Biersorte, die er nicht kannte.

Ernie schwieg und sah während der ganzen Fahrt prüfend zum Fenster hinaus. »Ich denke, das schlechte Wetter wird uns zugutekommen«, meinte er, nachdem sie ausgestiegen waren.

»Wenn du es sagst.« Bert war nicht überzeugt. Die Wolken hingen tief, Nebelfetzen zogen um die Bergstation. Es war empfindlich kalt. Die Wanderer banden ihre Schuhe fest, zückten die Stöcke und machten sich in forschem Tempo auf den Weg. Der Snowboarder zog direkt hinter der Eingangstür sein Brett an die Füße, rauschte den vereisten Weg hinunter und sprang mit einem Satz auf die Piste, die direkt dahinter begann. Ernie und Bert rutschten vorsichtig hinterher.

Der schwarze SUV stand im hinteren Teil des Parkplatzes. Nur noch wenige Autos waren da. Ernie warf die Tasche auf den Rücksitz und zwängte sich hinter das Steuerrad.

»Allrad!« Er stieß zurück auf die Straße und gab Gas. »Es gibt kein schlechtes Wetter!«

Ihre Fahrt dauerte keine zwei Minuten. Im Scheitel einer langgezogenen Rechtskurve brach das Heck des Wagens weg. Verzweifelt versuchte Ernie zu bremsen und gegenzusteuern. Doch das Auto verwandelte sich dadurch in einen Schlitten. Mit großer Geschwindigkeit rutschten sie über den Straßenrand in eine niedrige Schneewehe. Durch die Wucht des Aufpralls wurde der SUV in die Höhe gehoben, überschlug sich und rutschte dann die Böschung hinunter, ehe er etliche Meter unterhalb der Straße mit einem kräftigen Ruck zum Stillstand kam.

Bert kam als Erster wieder zu sich. Sein Schädel dröhnte, über seine Stirn lief eine warme Flüssigkeit in sein linkes Auge. Auf den ersten Blick schien er ansonsten unverletzt zu sein. Das Auto lag auf der Seite. Vorsichtig tastete er zum Schloss des Sicherheitsgurtes und zwängte sich durch die aufgeplatzte Beifahrertür ins Freie. Auch Ernie schien Glück gehabt zu haben. Mit Berts Hilfe kroch er aus dem Wrack.

»Wir müssen weg hier, schnell!«, sagte Bert. »Wenn der Tank Feuer fängt, fliegt das Ganze in die Luft.«

»Die Tasche!« Ernie verlor auch jetzt nicht die Beherrschung. »Sie liegt noch hinten.«

Mit vereinten Kräften zogen sie die Heckklappe so weit auf, dass Bert einen der Taschengriffe erreichen konnte. Vorsichtig zog er sie heraus. »So und jetzt nichts wie weg hier!«

Ernie griff die Tasche und bahnte sich einen Weg durch das Gestrüpp von Büschen und niedrigen Bäumen. Der Schnee lag überall knietief. Nach etwa 50 Metern hielten sie hinter einem mannshohen Fels an und verschnauften.

»Du und dein genialer Plan!«, keuchte Bert. »Fluchtwagen auf dem Berg, und das mitten im Winter! Und dann nicht einmal richtig fahren können!« Bert war stinksauer.

»Der Plan war gut und ist es immer noch«, erwiderte Ernie ungerührt. »Ich muss lediglich die Parameter ein wenig anpassen.«

Bert musste sich zügeln, seinem Komplizen nicht an den Hals zu gehen. »Parameter anpassen! Dummes Geschwätz! Sieh dich mal um – was willst du hier anpassen? Wir wissen noch nicht einmal, wohin wir gehen sollen!«

Tatsächlich war der Nebel in der Zwischenzeit dichter geworden. Die Konturen verschwammen zu einem einförmigen Grau, aus dem nur vereinzelt schemenhaft Felsen herausragten.

»Wir gehen schräg nach oben«, befand Ernie ruhig. »So lange es aufwärts geht, müssen wir irgendwann wieder auf die Straße kommen. Und dann sehen wir weiter. Wir gehen hintereinander, das spart Kraft. Der vordere bahnt den Weg, der hintere trägt die Tasche.«

Bert atmete tief durch. Am liebsten hätte er auf der Stelle den Inhalt der Tasche geteilt und wäre alleine davon. Doch er musste einsehen, dass Ernie recht hatte. Nur zu zweit hatten sie eine Chance. Knurrend wandte er sich nach rechts und begann den Anstieg.

Der Stoß kam so plötzlich, dass Bert keine Zeit hatte, zu reagieren. Der Schreckensschrei blieb ihm in der

Kehle stecken. Das feuchte, weiße Gestöber nahm ihm den Atem. Innerhalb weniger Augenblicke rutschte er in einer stäubenden Schneewolke über herausragende, spitze Felsbrocken und Holzstümpfe unaufhaltsam abwärts. Bert schlug wild um sich. Verzweifelt versuchte er, sich irgendwo festzuhalten, doch seine Hände griffen ins Leere.

Mit einem heftigen Ruck kam er plötzlich zum Stillstand. Die spitzen, harten Nadeln einer verkrüppelten Bergkiefer bohrten sich in seine Wangen und Hände. Sein Oberkörper war bis zum Anschlag verdreht, in seinem Bein breitete sich ein rasender Schmerz aus.

Bert atmete ein paar Mal tief ein und aus. Dann versuchte er vorsichtig, seinen Körper in eine andere Lage zu bringen. Das Bäumchen schien zu halten. Mühsam drehte er den Kopf in Richtung Berghang. Das Schneegestöber hatte sich gelegt und ihn mit einer Schicht feiner, heller Kristalle überzogen. Sein Blick verlor sich in undurchdringlichem Grau.

»Ernie!«

Seine Stimme war nicht mehr als ein heiseres Krächzen. Er hustete, atmete noch ein paar Mal durch und schrie erneut.

»Ernie! Hallo! Hier bin ich!«

Keine Antwort.

»Ernie! Hier unten!«

Nichts. Sein Rufen wurde von der grauen Wand verschluckt. Nur sein pfeifender Atem war in der wattenen Stille zu hören. Erschöpft ließ er den Kopf zur Seite in den Schnee fallen.

Jetzt spürte er den Schmerz in seinem Bein umso stärker. Er versuchte, so gut es ging, sich mit beiden Armen abzustützen. Mit dem unverletzten Bein fand er Tritt, so dass er sich mühsam in eine etwas angenehmere Position drehen konnte. Der Druck auf seinem Brustkorb ließ sofort nach. Dagegen übermannte ihn eine weitere Schmerzwelle. Es sah aus, als sei das Bein gebrochen.

Nach einer kurzen Atempause versuchte er es erneut.

»Ernie! Ernie!«

Die Worte verloren sich im Nebel.

Noch einmal.

»Hilfe!« Er legte die ganze Kraft in seine Stimme.

Nichts.

Was war mit Ernie? Warum antwortete er nicht? Warum war er nicht längst gekommen, um ihm zu helfen? Oder war er so tief abgestürzt, dass …?

Die Gedanken kreisten wirr in Berts Kopf. Was war überhaupt geschehen? Er versuchte, sein Bewusstsein zu dem Moment zurückzulenken, an dem er den Halt verloren hatte. Er war langsam durch den knietiefen Schnee schräg bergan gestapft, Ernie war hinter ihm gelaufen und hatte die Sporttasche getragen. Es war langsam, aber stetig vorwärtsgegangen. Der Hang war steil, hatte aber nicht sonderlich gefährlich ausgesehen.

Die Erkenntnis überfiel ihn blitzartig. Nein, er war nicht ausgerutscht. Er hatte sich nicht vertreten. Er hatte das Gleichgewicht verloren, weil er einen heftigen Stoß bekommen hatte. Einen Stoß von Ernie. Eine Viertelmillion ist gut für zwei. Und noch besser für einen allein.

Bert brauchte eine Weile, um zu begreifen, dass Ernie ihn reingelegt hatte. Von Anfang an hatte er nicht vorgehabt, mit ihm teilen zu wollen. Alles war minutiös geplant. Bestimmt hätte spätestens am Ende der Fluchtfahrt eine unangenehme Überraschung auf Bert gewartet. Die unerwartete neue Situation hatte Ernie gedankenschnell ausgenutzt und eine Idee entwickelt, wie er ihn ausschalten konnte. Eine genial einfache Idee. Ernie würde längst verschwunden sein, bevor Bert hier wieder herausfand.

Bert brach mit einem Mal der kalte Schweiß aus. Die plötzliche Erkenntnis seiner Lage umklammerte sein Inneres mit eisiger Faust. Wie sollte er je hier wieder wegkommen? Er war allein, ohne Aussicht auf Hilfe, sein Bein eine schmerzende Hölle. Er wusste noch nicht einmal, wo er sich befand und in welche Richtung er sich orientieren sollte.

Für einen Moment leuchtete ein zweiter Gedanke in ihm auf. Vielleicht bildete er sich alles nur ein. Ernie war klug. Ernie würde ihn nicht im Stich lassen. Ernie würde Hilfe holen. Er musste nur so lange durchhalten, bis der Rettungstrupp der Bergwacht kam. In spätestens einer Stunde würde er in einer warmen Stube an der Heizung sitzen, einen Tee trinken, die Glückwünsche der Retter entgegennehmen …

Feuchte Flocken auf seinem Gesicht brachten Bert wieder zur Besinnung. Wind frischte auf. An einigen Stellen riss die Nebelbank auseinander. Dahinter funkelten im abendlichen Grau erste Sterne.

Bert spürte die Gewissheit. Ernie würde nicht wiederkommen. Er war allein. Niemand wusste, wo er war. Keiner würde ihn vermissen. Wenn er sich nicht selbst half, würde er die Nacht nicht überleben.

Sein Blick reichte jetzt ein Stück weiter den Hang hinauf. Er war steil und dick mit Schnee verhüllt. Weit oberhalb sah er ein paar vereinzelte Bäume. Mit seinem kaputten Bein hatte er keine Chance, dort hinaufzukommen.

Bert wandte seinen Blick in die andere Richtung. Schräg unter sich entdeckte er einen großen dunklen Fleck. Es war schwer abzuschätzen, wie weit er entfernt war. Er kniff die Augen zusammen, um in der jetzt rasch aufziehenden Abenddämmerung besser sehen zu können. Wenn er sich nicht täuschte, war es eine regelmäßige Form. Eine Mauer vielleicht? Oder sogar eine Hütte?

Bert versuchte sich aufzurichten. Im selben Moment schrie er laut auf. Der Schmerz in seinem Bein war kaum auszuhalten. Doch er wusste, dass dies seine einzige Chance war.

Langsam begann er, Stück für Stück auf dem Rücken den Hang hinunterzurutschen.

In der Nacht zum Sonntag ereignete sich am Schauinsland ein tragischer Unfall. Bei Nebel und eisglatter Fahrbahn kam ein PKW auf der Straße Richtung Notschrei von der Fahrbahn ab, überschlug sich, stürzte den Hang hinab und prallte gegen einen Baum. Die beiden Insassen, zwei Männer, deren Identität noch nicht geklärt werden konnte, überlebten, einer von ihnen trug schwere Verletzungen davon. Beim Versuch, Hilfe zu holen, verirrten sich beide im Nebel und in der Dunkelheit am gefürchteten Osthang. Einer der Verletzten konnte sich zunächst bis zum Engländerdenkmal retten. Nach Einschätzung der Bergwacht hatte er noch bis in die Morgenstunden gelebt.

Nur wenige Hundert Meter entfernt wurde sein Mitfahrer unter einem Schneebruch tot geborgen. Er war nicht wintergemäß gekleidet und trug keinerlei Gepäck bei sich. Offenbar hatte er beim Versuch, noch am Abend Hilfe zu holen, die Orientierung verloren.

Ein halb verbrannter Hundertfrankenschein in der Hand des Toten und Aschespuren auf der Kleidung geben der Polizei ein besonderes Rätsel auf. Es wird vermutet, dass der Mann kurz vor seinem Tod versuchte, ein Leuchtzeichen zu geben. Mit den Schweizer Behörden wurde bereits Kontakt aufgenommen.

Das schreckliche Unglück erinnert an das

Geschehen im Winter 1935. Damals hatte sich eine englische Schulklasse mit ihrem Lehrer bei schlechtem Wetter am Schauinsland verirrt. Fünf junge Menschen fanden damals auf tragische Weise den Tod.

Inzwischen wurden bereits Stimmen laut, die Namen der beiden Toten vom Wochenende den übrigen Namen auf dem Denkmal hinzuzufügen. Außerdem wurde mit Nachdruck auf die Verbesserung des Handyempfangs in abgelegenen Berggebieten des Schwarzwaldes hingewiesen.

(Freiburger Zeitung vom 28.12.)

»Ich hab's immer gewusst!« Ein zufriedenes Lächeln zog über das Gesicht des Bauern. »Die Engländer sind wiedergekommen!«

Er richtete sich auf und versuchte aufzustehen. Seine Knie zitterten vor Anstrengung.

»Ist schon gut, Großvater.« Die Frau rückte das Kissen in seinem Rücken zurecht. »Jetzt beginnt gleich deine Lieblingssendung!«

Die Augen des Alten leuchteten. »Sie haben uns nicht vergessen, die Engländer. So ein schöner neuer Fernseher! Und das Motorrad von unsrem Buben! Und …«

Er hustete und sank erschöpft auf das Kissen zurück.

»Es ist gut, Großvater.« Mit zufriedenem Lächeln strich die junge Frau über ihre glitzernde neue Halskette. »Alles ist gut.«

Holbeinpferd

Die Plastik des Bildhauers Werner Gürtner von 1936 steht seit Anfang der 1950er-Jahre auf einem Rasenstück an der Holbeinstraße auf dem Weg nach Günterstal.
Seit den 80er-Jahren wird das Pferd regelmäßig heimlich übermalt und umgestaltet. Trikots, Flaggen, Sinnsprüche, Werbung, politische Botschaften, Liebeserklärungen. Die Fantasie der nächtlichen Künstler ist grenzenlos.

Liobakloster

Kloster der Benediktinerinnen in der ehemaligen, im Toskana-Stil erbauten Villa Wohlgemuth. Im Haus Subiaco ist das Zimmer von Edith Stein zu besichtigen, die von 1930 bis 1933 hier lebte. Klosterladen, Kräutergarten (Führungen), Klosteraufenthalt.

Günterstal

Am Fuße des Schauinsland gelegener idyllischer Stadtteil im Südosten mit ausgedehnten Wanderwegen. Die Wonnhaldewiesen im Bohrertal trennen Günterstal von der Kernstadt. Im Jahr

804 wurde der Ort erstmals erwähnt und ist damit einer der ältesten im Breisgau.
Auf dem Friedhof findet man die Gräber prominenter Persönlichkeiten, unter anderem von Sepp Allgeier (Kameramann), Hans Filbinger (Politiker), Swetlana Geier (Übersetzerin), Edmund Husserl (Philosoph).
Die Endhaltestelle Dorfstraße der Linie 2 ist die südlichste Straßenbahnhaltestelle Deutschlands (die Haltestelle in Weil am Rhein gehört als grenzüberschreitender Ausläufer zur Basler Straßenbahn).

Kloster Günterstal

Die ehemalige Zisterzienserabtei wurde im 13. Jahrhundert gegründet und bestimmt noch heute das Ortsbild. Das Tor, durch das die Hauptstraße und die Straßenbahnlinie führen, war früher der Haupteingang des Klosters. 1829 brannte das Kloster fast vollständig nieder. In den wiederaufgebauten Flügeln sind heute ein Schulinternat und ein Kindergarten untergebracht.

Arboretum Günterstal

Baum- und Strauchsammlung im Stadtwald rund um Günterstal. Ende des 19. Jahrhunderts wurden erstmals fremdländische Baum- und Straucharten hauptsächlich aus Nordamerika und Japan angepflanzt (zum Beispiel Douglasien). Heute wachsen hier zirka 1.300 Arten aus 60 Ländern und 5 Kontinenten. Das Arboretum ist durch mehrere beschilderte Rundwege gut erschlossen.

Waldtraut vom Mühlwald

Im Arboretum am Ortsausgang Richtung Schauinsland steht der offiziell anerkannte höchste Baum Deutschlands. Die über 100 Jahre alte Douglasie misst an ihrem Fuße 300 Zentimeter Stammumfang und ist derzeit rund 65 Meter hoch. Sie trägt den Namen »Waldtraut vom Mühlwald«.

St. Valentin

Idyllisch gelegene, beliebte Waldgaststätte mit Kultstatus oberhalb von Günterstal. Die ehemalige Wallfahrtsstätte mit Kapelle gehörte zu den Freiburger Waldheiligtümern. Hauptpatron war der Heilige Bischof Valentin von Terni, christlicher Märtyrer und Schutzpatron der Liebenden.

Schauinsland-Bergbahn

Die Schauinsland-Bahn ist Deutschlands längste Kabinen-Umlauf-Seilbahn und seit 1930 in Betrieb. Von der Talstation zwischen Günterstal und Horben zur Bergstation unterhalb des Schauinslandgipfels überwindet sie auf 3,6 Kilometern Länge einen Höhenunterschied von 746 Metern. Die spektakuläre Fahrt über die Baumwipfel dauert zirka 15 bis 20 Minuten. Im Restaurant Bergstation Sonntagsbrunch unter anderem mit Krimilesungen.

Schauinsland

Der Berggipfel auf 1.284 Meter liegt auf Freiburger Gemarkung und macht die Stadt damit zur höchstgelegenen Großstadt Deutschlands. Das beliebte Naherholungsgebiet ist mit dem Auto oder mit der Bergbahn erreichbar. Zahlreiche Wanderwege, im Winter Skigebiet. Auf dem Gipfel der Eugen-Keidel-Turm mit 22 Meter hoher Aussichtsplattform, Museumsbergwerk, Roller-Downhill-Strecke.

Die über 12 Kilometer lange, kurvenreiche Fahrstraße von Günterstal war bis in die 1980er-Jahre Schauplatz des international bekannten Schauinsland-Bergrennens für Sportwagen. Heute ist die Strecke im Sommer an Wochenenden für Motorräder gesperrt.

Erzkasten-Rundweg und Engländerdenkmal

Zirka 5 Kilometer langer Rundweg im Gipfelbereich des Schauinslands. Schautafeln zu Bergbau, Geologie, Fauna und Flora. Imposante Ausblicke über den Schwarzwald, auf Freiburg und über die Rheinebene bis zu den Vogesen, im Süden bei klarem Wetter bis zu den Schweizer Alpen.

Das Engländerdenkmal am Osthang erinnert an die Gefahren des Winters. Es wurde 1938 zum

Gedenken an eine englische Schulklasse errichtet, die in einen Schneesturm geriet und die Orientierung verlor. Als sie gefunden wurden, waren bereits fünf Schüler erfroren.

Besuchsbergwerk

Von vielen Freiburgern wird der Schauinsland heute noch »Erzkasten« genannt. Er erinnert an die Zeiten, als tief unter dem Berg Stollen gegraben wurden und viele Menschen vom Bergbau lebten. Der Reichtum an Silber machte Freiburg einst zur wohlhabenden Stadt und die Errichtung und Fertigstellung des Münsters überhaupt erst möglich. Einige der Stollen des 1954 aufgegebenen Bergwerks wurden wieder zugänglich gemacht und können im Rahmen einer Führung besichtigt werden.

11. ERWINS WEIHNACHTEN

Das Klirren der Schlüssel galt ihm. Er wusste es, als er es hörte. Die eisenbeschlagene Zellentür schwang auf.

»Erwin Lederer zum Chef. Los, komm mit.« Die Stimme des Wärters klang gelangweilt, aber bestimmt. Abgestumpfte Routine auf beiden Seiten.

Der gedrungene Uniformierte blieb vor der Tür stehen. Er bekräftigte seine Aufforderung. »Du sollst mitkommen. Jetzt gleich.«

Lederer seufzte und setzte sich auf seiner Pritsche auf. Wie durch einen Schleier sah er die große Zahl auf dem Abreißkalender an der Wand seiner Zelle.

23. Dezember. Der Tag vor Weihnachten. Es war wohl soweit. Wenn er an diesem Tag zur Anstaltsleitung gerufen wurde, konnte dies nur eines bedeuten. Sein Antrag war abgelehnt. Er hatte sich verzweifelt bemüht, doch nun war wohl alles umsonst. Erwin drehte langsam den Kopf von der Wand weg. Sein Herz zog sich zusammen, als er daran dachte, was ihn in Kürze erwartete.

»Na los, schlaf nicht ein. Steh endlich auf und komm.«

Lederer griff unter das Bett und zog seine Schuhe hervor. Der Wärter schob sich ungeduldig einen Schritt in die Zelle hinein. In seiner Hand baumelte ein geöffnetes Paar Handschellen.

»Bringen wir es hinter uns.«

Lederer fuhr sich mit beiden Händen durch die Haare und atmete tief durch. Dann stand er auf und streckte wortlos dem Mann seine beiden Hände entgegen. Mit einer geübten Bewegung schloss der Uniformierte die Metallringe um seine Gelenke. Es klickte leise.

Der Wärter drehte sich um.

»Nun, Lederer, Sie werden einsehen, dass ich nichts für Sie tun kann. Absolut nichts. Es tut mir leid.« Doktor Fritsche, der Gefängnisdirektor, lehnte sich in seinem Ledersessel zurück und verschränkte die Arme hinter dem Kopf.

Erwin trat einen Schritt näher an den Schreibtisch heran. Er hob seine Hände. Seine Stimme klang verzweifelt. »Aber Herr Direktor, ich bitte Sie. Das kann doch einfach nicht sein. Sie müssen mir helfen, Sie sind meine einzige Hoffnung.«

Der wohlbeleibte Mann hinter dem Schreibtisch öffnete eine Schublade und holte ein silbernes Etui heraus. Er klappte es auf und nahm sich eine Zigarette, ohne Erwin anzusehen.

»Sehen Sie, Lederer,« sagte er, während er gleichzeitig die Zigarette anzündete und eine kleine Rauchwolke hervorstieß, »sehen Sie, es ist nicht das erste Mal, dass Sie bei uns sind. Diebstahl, Schlägerei, Einbruch,

Sachbeschädigung. Sie haben Glück gehabt, der Richter war gnädig. Ihre zwei Jahre und acht Monate sind um. Und morgen früh sind Sie draußen, fertig.« Fritsche zog einen Aschenbecher heran. »Sie können neu anfangen, Lederer.«

Erwin war inzwischen ganz an den schweren Eichentisch herangetreten. Seine Hände zitterten. »Aber verstehen Sie denn nicht, Herr Direktor, ich will das nicht. Ich will nicht neu anfangen, ich kann nirgendwo neu anfangen.« Seine Augen flackerten unruhig. »Ich will nicht hier weg«, fügte er leise hinzu.

Doktor Fritsche schnippte die Asche in einen kleinen silbernen Aschenbecher. »Lederer, Sie haben einen äußerst ungewöhnlichen Antrag gestellt, etwas, was ich nicht verstehen kann. Jeder unserer Gefangenen will so schnell wie möglich hier raus. Sie nicht. Sie wollen bleiben.«

»Ja, ich will bleiben«, stieß Erwin rasch hervor. »Ich will hierbleiben. Hier ist es gut. Hier ist mein Zuhause. Meine Freunde …«

»Schöne Freunde, Lederer! Kleine Ganoven wie Sie, Betrüger, Schläger. Die nennen Sie Ihre Freunde?« Doktor Fritsche verzog den Mund, während er das letzte Wort sagte.

Erwin überhörte den Sarkasmus. Er wusste, dass dieses Gespräch die letzte Möglichkeit war, den Direktor doch noch zu überzeugen, seinen Antrag beim Gericht zu unterstützen.

»Ich weiß nicht, was ich draußen tun soll. Ich habe

keine Familie, keine Arbeit.« Seine Stimme wurde dumpf und klagend. »In der Stadt finde ich mich nicht zurecht. Sie ist zu groß. Und … fremd.« Er starrte den Direktor mit weit aufgerissenen Augen an. »Ich werde wieder stehlen und betrügen müssen. Das ist nicht gut! Das ist nicht richtig! Wollen Sie das? Lassen Sie mich hier!«

»Kommen Sie, Lederer, lassen Sie sich nicht gehen. Kopf hoch, das wird schon werden. Ich gebe Ihnen eine Adresse, an die Sie sich wenden können, wenn Sie draußen sind. Dort können Sie erst einmal unterkommen. Nächste Woche schon werden Sie Geld verdienen, abends ein gemütliches Bierchen trinken. Vielleicht wartet schon ein hübsches kleines Fräulein auf Sie …«

Der Direktor stand auf. Das Gespräch begann, ihm lästig zu werden. Er ging um den Schreibtisch nach vorn. Der Rauch der Zigarette wehte Lederer entgegen.

Fritsche legte Erwin die Hand auf den Arm. »Hören Sie, ich kann nichts für Sie tun. Das Gefängnis ist voll. Ihre Zelle ist bereits wieder vergeben zur selben Stunde, in der Sie draußen sind. Wir brauchen Gerechtigkeit in dieser Stadt, Lederer. Recht und Gerechtigkeit.«

Er schaute auf seine Uhr.

»Alles Gute, Lederer. Ich wünsche Ihnen, dass wir uns nicht wiedersehen.«

Er wandte sich zu dem Wärter, der an der Tür gewartet hatte. »Bringen Sie ihn zurück in seine Zelle.«

»Ein Gürtel. Lederimitat. Dunkelbraun. Ein Geldbeutel. Bargeld. 34 Euro und 17 Cent.« Halb im Traum ließ Erwin die Aufzählungen des Beamten über sich ergehen. »Ein Foto, Farbe. Gefaltet.« Er blickte kurz auf die lächelnde Frau und den Jungen mit kurzen Hosen. Er schüttelte den Kopf und sagte nichts.

»Ein Klappmesser. Hirschhorngriff braun, geschnitzt. Mach keinen Quatsch damit, Lederer!« Die Aufforderung sollte freundlich klingen.

»Ausweispapiere hast du? Entlasspapiere? Deinen Lohn?«

Lederer nickte und klopfte auf die Brusttasche seines Mantels. Dann steckte er alles ein.

»Hier noch unterschreiben!« Der Beamte schob ihm Papier und Kugelschreiber hin. »Eine Kopie ist für dich. Das war's. Alles Gute.«

Die stählerne Schiebetür schloss sich. Das schmucklose Gefängnisgebäude, das wegen seiner strahlenförmigen Bauweise liebevoll-sarkastisch »Café Fünfeck« genannt wurde, lag hinter ihm. Erwin stand auf der Straße. Es war neun Uhr morgens, die Wintersonne hielt sich hinter einem grauen Himmel verborgen. Der Gehweg war notdürftig gestreut, am Rand zogen sich zu beiden Seiten grauweiße Schneereste entlang.

Unschlüssig sah Erwin sich um, ging ein paar Schritte, blieb wieder stehen. Keine Mauern. Kein Drahtzaun. Er konnte gehen, wohin er wollte.

Doch was wollte er? Seit dem Gespräch mit dem Direktor war er wie betäubt. Erwin starrte zu den Mauern zurück, die ihm die Sicherheit gegeben hatten, die er brauchte. Er hatte keine Ahnung, was werden würde. Die letzten drei Jahre hatten ihm alles gegeben, was er in seinem bisherigen Leben entbehrt hatte. Er hatte Freunde gehabt, etwas zu essen und eine regelmäßige Arbeit. Doch nun?

Erwin kannte Freiburg kaum. Als Kind war er ein-, zweimal hier gewesen. Ein Ausflug zusammen mit den anderen Kindern aus dem Heim nahe der Schweizer Grenze. Sie waren damals ins Münster gegangen, bis hinauf auf den Glockenturm, wo die Hosanna hing, die größte Glocke weit und breit, wie ihr Führer erklärt hatte. Später waren sie mit dem Bus hinaus zum Mundenhof gefahren, einem Tierpark draußen vor der Stadt. Jeder hatte ein Eis bekommen und einen Luftballon. Seiner war schon nach ein paar Minuten zerplatzt, als er an einem der Zäune hängengeblieben war. Die Wollschweinchen waren quiekend auseinandergelaufen.

Später war Erwin noch einmal nach Freiburg gekommen. Grönemeyer Open Air live 2008 auf dem Messegelände. Das hatte er sich nicht entgehen lassen können. Grönemeyer war sein Held. Er sang, was Erwin fühlte. Über Angst und Einsamkeit. Und über Liebe, die man so schwer ausdrücken konnte. Wenn Erwin den Text verstand. Oft sang Grönemeyer so undeutlich, dass Erwin sich den Rest dazu denken musste.

Es war kalt. Dezemberkalt. Erwin musste sich

bewegen. Es hatte keinen Sinn, hier stehen zu bleiben. Erwin griff in die Tasche seines Mantels und zog den Umschlag mit der Adresse heraus, den er von Direktor Fritsche bekommen hatte. Ein Name stand darauf, eine Telefonnummer und eine Straße. Freiburg-Haslach. Erwin wusste nicht, wo Freiburg-Haslach lag. Er wollte es nicht wissen. Er stopfte den Zettel zurück in seine Manteltasche.

Erwin kam zu einer breiten Straße. Zwei Spuren rechts, zwei Spuren links. In der Mitte graues Gras mit Schienen. Viele Autos. Es war laut und schnell um ihn herum, und Erwin schwirrte der Kopf. Von Weitem sah er über den Dächern einen Kirchturm aufragen. Das musste das Münster sein.

Erwin stolpert vorwärts. Autos, Straßenbahn, Fahrräder. Menschen hasten an ihm vorbei, drängen sich vor ihn, kommen ihm entgegen, weichen aus, ohne hinzusehen. Erwin hält seine Augen gesenkt, er kennt keinen, sein Blick schleift auf dem Asphalt des Gehwegs zwischen Grau und Grau.

Einmal hält er inne, unwillig fast, geht sogar wieder ein paar Schritte zurück. Auf dem Boden ein Mosaik aus kleinen Steinen. Zahlen, eine Inschrift. 48. Breitengrad. Ein Meter davon zu seinen Füßen. Der Rest schwingt sich um die Welt, einmal, zweimal, immer wieder. Im Osten der Schwarzwald, im Westen Frankreich und dann das Meer. Kein Anfang und kein Ende. Erwin war noch nie am Meer.

Bei der nächsten Kreuzung hält er es nicht mehr aus. Direkt gegenüber schreit ihm das Neon der Fußgängerzone entgegen, Lichterketten und kalte Weihnachtssterne baumeln vom Himmel. Erwin wendet sich ab, er muss weg von all dem. Er rennt ein paar Schritte, stützt sich am Schaufenster einer Pizzeria ab, die Scheiben sind von innen beschlagen.

Irgendwann ist er am Bahnhof. Er steht vor den breiten Schwingtüren zur Wartehalle, zögert, steht im Weg, wird angerempelt.

»Kannst du nicht aufpassen?« Ein nachgemurmeltes »Penner!«. Erwin begreift, dass er damit gemeint ist, tritt zur Seite. Weg, nur weg.

Erwin überquert die Straße, läuft unter einer Betonbrücke hindurch. Ein großer Platz vor einem großen Eingang. Die Säulen ragen in den Spätnachmittagshimmel. Riesige geschmückte Weihnachtsbäume flankieren den Eingang in den Palast, ein roter Teppich ist ausgebreitet, fröhliches Lachen, die Herren sind vornehm, die Damen aufgeputzt.

Erwin ist derart fremd hier, dass er für einen Moment keine Furcht mehr hat. Er beobachtet die standesgemäßen Limousinen, die direkt am vorderen Ende des Teppichs anhalten und noch mehr Gäste entlassen. Er hört, wie die Herrschaften sich auf ein Weihnachtskonzert freuen, er sieht die großen Kreisel, die auf dem Platz umherwirbeln wie umgedrehte Tannenbäume. Wenn Matze und die Jungs das sehen könnten!

Erwin erschrickt über seine Gedanken. Das hier ist

nicht die Wirklichkeit, das ist ein Märchen, eine andere Welt. Niemals würde er hier dazugehören.

Er erhebt sich von dem schmalen Sims an der Seite des Eingangs, auf dem er sich unbeabsichtigt niedergelassen hat, und weicht zurück aus dem hellen Licht. An der Rückseite des Platzes schiebt er sich an der Mauer entlang, ein Schatten im Schatten, er weiß noch nicht einmal, wie spät es ist.

Erwin sucht Schutz vor dem beißend kühlen Dezembertag. Er sieht ein Schild über einem Kellereingang, die Stufen hinunter zum Jazzclub sind mit altem Laub bestreut. Die Eingangstür ist geschlossen, das Foyer menschenleer. Erwin drückt die Nase an die Scheibe, sieht ein paar Stehtische, halbverputzte Wände, Konzertplakate mit Namen, die er nicht kennt.

Jazz war ihm nie ganz geheuer. Zu unüberschaubar für seine Ohren, keine Harmonien, auf denen sein Herz entlanggleiten konnte. Eine Gitarre hatte er mal gehabt, als Schüler, ein Geschenk seines Onkels Ferdinand, den alle Freddy nannten. Er spielte in einer Beatband, wie man das damals noch nannte, und brachte ihm ein paar Akkorde bei. »*House of the rising sun*, damit fängt jeder an«, hatte er gesagt. Ein Welthit aus den 60ern, kaum einer wusste, dass darin ein Puff in New Orleans besungen wird. Dann natürlich noch *Blowing in the wind*, auch das musste sein, wenn es nach seinem Onkel ging. Doch viel mehr war es nicht geworden, seine Kumpels gingen lieber in die Dorfdisko, und er wollte dabei sein.

Erwin zieht es zurück Richtung Bahnhof. Wieder findet er ein paar Stufen, aufwärts dieses Mal, eine Straßenbahnbrücke. In der Mitte bleibt er an der steinernen Brüstung stehen, stützt den Kopf in die Arme. Direkt unter ihm glänzen die Gleise des Hauptbahnhofs und die Überdachungen der Bahnsteige. Rechts von ihm das große, langgestreckte Bahnhofsgebäude, die wenigen Lichter auf der linken Seite gehören zu Wohnhäusern und Büros.

In einem anderen Leben wohnte in Erwins Nachbarwohnung eine türkische Familie. Die Kinder waren laut, die Frau sah er selten, doch den Mann traf er öfter vor dem Haus auf der Straße. Man wechselte freundliche Worte, nicht mehr. Erwin hatte lange eine leise Scheu gehabt vor dem Unbekannten, das der Mann ausstrahlte. Doch sie redeten, und beide waren dankbar darum, schien es. Irgendwann wusste Erwin, dass die Familie aus einem kleinen Dorf weit hinter Ankara im Osten kam, dass der Mann in einer Kunststofffabrik im Lager arbeitete, und dass er so oft wie möglich zum Bahnhof ging. Alle seine Landsleute aus der Stadt trafen sich am Bahnhof. Sie schwatzten, schauten, warteten.

Es sind die Schienen, Erwin, hatte ihm der Mann irgendwann einmal gesagt. Die Schienen. Sie führen weg von hier, immer weiter, ohne Ende. Schienen hören nie auf. Und irgendwann führen sie dich in deine Heimat. Du musst nur weit genug fahren. Wenn ich am Bahnhof bin, weiß ich, dass ich nur einzusteigen brauche. Die Schienen verbinden mich mit der Heimat.

Erwin wechselt die Seite, schaut nach Süden. Nur wenige Meter weiter eine zweite Brücke, schmal, mit elegant geschwungenen Bögen, die bläulich schimmern. Keine Autos, ein paar Fahrräder, ein paar Fußgänger. Ein paar sind nach oben geklettert, sitzen auf den Stahlträgern, lassen die Füße baumeln und eine Flasche kreisen. Alle schauen nach Süden, den Gleisen nach, die sich irgendwo in den Hügelketten am Fuße des Schwarzwalds verlieren.

Einen zeitlosen Augenblick lang stellt sich Erwin vor, er würde dabeisitzen, trinken, reden, lachen. Nicht fremd sein.

Doch Erwin wendet sich ab, und der Moment geht vorüber. Das ist nicht seine Heimat, würde es nie sein. Matze und die Jungs saßen jetzt bestimmt schon im großen Saal vor dem Weihnachtsessen. Die Feier war immer schon am Nachmittag, und es würde Würstchen mit Kartoffelsalat geben, wie jedes Jahr. Doktor Fritsche würde eine Rede halten, sie alle loben und ermahnen und durch seine Helfer an jeden ein kleines Geschenk verteilen. Schokolade, Nüsse, eine Mandarine, eine Weihnachtskarte. Doktor Fritsche dachte traditionsbewusst und sparsam.

Erwin läuft weiter über die Brücke bis zur gegenüberliegenden Seite. Ein Park breitet sich aus mit ein paar kahlen Bäumen am Rand, das Gras ist gelb und struppig. Direkt dahinter eine Kirche mit hoch aufragenden Doppeltürmen. Wenn er wollen würde, könnte er hineingehen. Bestimmt ist dort eine Krippe aufgebaut, mit Moos, Holz und großen, geschnitzten Figuren, mit dem Elektrostern von Bethlehem und Weihrauchfetzen in der Luft von der letzten Messe. Kindliche Erwartung auf etwas, was nie kam. Zumindest nicht für Menschen wie ihn. Er geht nicht hinein.

Erwin setzt sich unter die Brücke. Ein riesiger Fuß liegt vor ihm, dahinter ein Gesicht, beides halb im Boden vergraben. Die Ritzen in der Plastik mit alten Tüten und Werbezetteln zugemüllt, die ausgebleichte Oberfläche bemalt und bekritzelt. Ein Kunstwerk, das niemand ernst nimmt, das keiner sehen will. Das vergessen ist. Erwin lacht bitter. Wenn er sich jetzt danebenlegt, wie lange würde es dauern, bis man ihn findet?

Als er nach einer Weile aufschreckt, merkt er, dass er eingeschlafen war. Sein rechtes Bein ist taub, der Nacken schmerzt. Die Kälte treibt ihn wieder hoch. Zurück über die Brücke, zum Bahnhof, auf die Straße. Nur vorwärts.

Nach ein paar Hundert Metern stoppt er an einer großen Kreuzung. Ein Busbahnhof, eine Straßenbahnhaltestelle. Menschen und Autos. Ein paar Schritte daneben ein Denkmal, hoch aufragend, glänzend. Auf dem riesigen Sockel eine junge Frau. Sie hebt einen Siegeskranz empor zum Himmel, ihr zu Füßen auf vier Seiten grimmig dreinblickende Soldaten in weiten

Umhängen, Gewehre, Bajonette. Aus der Zeit gefallen. Wie er.

Erwin zieht seinen Mantel fester um sich. Die Kälte kriecht durch alle Ritzen. Er muss sich aufwärmen. Er zwingt seinen Schritt in die lärmende Betriebsamkeit. Aus den Läden der Fußgängerzone zieht ein Schwall warmer Luft zu den Eingangstüren heraus. Schuhgeschäfte, Brillen, Schmuck, eine Bank, Handyshops. Ein Kaffee wäre nicht schlecht. Eine amerikanische Kette. Kaffeeschnellimbiss. Erwin schaut durch die großen Fenster hinein. Junge Menschen, Lachen. Viel Chrom und buntes Plastik. Erwin schüttelt den Kopf und zieht weiter.

Erwin hat Hunger. Im Gefängnis hätte er längst gefrühstückt, hätte seinen Kaffee bekommen, hätte mit Matze geplaudert und wäre dann mit ihm und den anderen zur Arbeit gegangen. Hier beachtet ihn keiner. Die Menschen um ihn herum sind mit sich selbst beschäftigt.

Beinahe übersieht er die Bäckerei. Erwin kauft zwei Butterbrezeln und einen Kaffee für den Stehtisch. Er bleibt ganz vorne, direkt neben dem Eingang, dort wo es kalt hereinzieht, dort, wo keiner stehen will.

Dort, von wo er gleich wieder hinaus kann.

Erwin hält es nicht aus. Er hält die Menschen nicht aus, den Lärm, die Unruhe. Er verlässt die Wärme, geht zurück auf die Straße. Aus den Gassen zieht der süßliche Geruch von Glühwein zu ihm her, begleitet vom kehligen Lachen der Männer und schrillen

Kreischen der Frauen. Ein paar Gläser schnelle gute Laune.

Erwin wendet sich ab. Noch mehr Menschen. Noch mehr Unruhe. Erwin braucht jetzt etwas, um seine Gedanken zu ordnen.

Er nimmt seinen ganzen Mut zusammen und betritt ein Kaufhaus. Schon wieder alles hell, alles golden und silbern glänzend und glitzernd. Weihnachtsmusik überall.

Weihnachten.

Die Getränkeabteilung ist unten im Untergeschoss. Lange, bunte Regale. Erwin greift irgendwo hinein, er muss sich die Wärme mitnehmen nach draußen. Er achtet nicht auf den Preis, steckt das Wechselgeld achtlos in die Hosentasche. Die Kassiererin wünscht etwas mit Weihnachten und schaut an ihm vorbei zum nächsten Kunden.

Erwin fährt die Rolltreppe hinauf, wieder hinaus in die Kälte, die Flasche eng an sich gedrückt. Er muss weg hier, weg aus dem wabernden Dunst der Bratwurst- und Waffelstände, weg von Lasst-uns-froh-und-munter-sein. Eine filigran geschwungene Brücke führt ihn mit einem Schlag heraus. Der Karlssteg schwingt leise, als Erwin versucht, seinen Schritten ein Ziel zu geben.

Der Stadtpark sieht aus, wie Erwin sich fühlt. Grau. Kalt. Die Rasenfläche bedeckt mit altem Schnee. Die Bäume ohne Blattwerk, die Blumenrabatten abgedeckt mit Reisigzweigen, der Spielplatz verwaist. Die

Bänke leer. Erwin schlurft ganz nach hinten, dorthin, wo bereits die ersten Wohnhäuser und Bürogebäude hinter der Straße auftauchen.

Am Rande des wasserleeren Teiches hocken tief zusammengekauert die Enten des Sommers. Sie rühren sich kaum, als er sich auf die Bank unter einer Trauerweide fallen lässt. Ein paar Meter entfernt einer der ihren, der es zu Ruhm und Ehre gebracht hatte. Sein steinernes Bild auf einem steinernen Sockel, hoch aufgereckt der Hals, der Schnabel stößt in die Luft. Ein Denkmal für eine Ente. Freiburg ist eine merkwürdige Stadt.

Kein Mensch außer ihm sitzt hier. Niemand ist zu sehen. Er zieht die Flasche heraus. Cognac. Das Etikett schwarz mit goldener Schrift. Der Verschluss versiegelt mit einer schwarzen Manschette. Erwin kramt sein Messer heraus, schneidet einmal rundum und löst die Kapsel. Ein kräftiger Dreh, der erste Schluck.

Feuer rinnt durch seine Kehle. Erwin wird von einem heftigen Hustenanfall geschüttelt. Ein zweiter Schluck, ein dritter. Erwin verzieht das Gesicht, dann spürt er, wie sich die Wärme in seinem Körper ausbreitet.

Im Gefängnis hat es keinen Schnaps gegeben, doch dort hat er ihn auch nicht vermisst. Er denkt an Matze. Sein bester Freund, einer der Lebenslänglichen.

Erwin hat ihn kurz nach seiner eigenen Einlieferung kennengelernt, als er etwas verschämt und unsicher inmitten der anderen beim Frühstück an einer der langen Holzbänke in der großen Halle saß. Matze war bereits zwei Jahre da. Matze hatte im Suff einen Streit angezettelt und seinen Widersacher erstochen. Er würde nicht hinausmüssen.

Matze hatte irgendwie Gefallen an Erwin gefunden und ihm alles gezeigt, worauf es ankam. Sie verstanden sich auf Anhieb, vielleicht, weil sie etwa gleich alt waren.

Matze war weit weg.

Noch ein Schluck und noch einer. Eine der Enten kommt träge zu ihm herangewatschelt, in der Hoffnung auf ein paar Krumen, auf etwas Essbares. Erwin schüttelt den Kopf. Er hat nichts zu bieten. Weit entfernt schlägt die Münsterglocke.

Erwin wird schläfrig. Das Nichtstun ist ungewohnt für ihn. Im Gefängnis wurde an sechs Tagen in der Woche gearbeitet, am Sonntag ging man zur Messe, die der Pfarrer hinter einem provisorischen Altar im Speisesaal hielt. Danach spielten sie Fußball. Erwin ist nicht sonderlich sportlich. Er gehörte jedes Mal zu den beiden Letzten, die gewählt wurden. Der andere war Rillo, der Asthmatiker, der die meiste Zeit nur am Rande des Spielfeldes herumstand. Doch Erwin rannte sich die Lunge aus dem Leib. Für Matze.

Seit Monaten hat Erwin einen Traum. Einen Traum, auf den er sich schwingt, wenn die Gespenster der Nacht nach ihm greifen. Wenn die Wände der Zelle zu nah an ihn heranrückten. Einen Traum, den er auch jetzt wieder träumt: Einmal wird er es schaffen. Einmal wird er allen Mut, alle Kraft und allen Verstand zusammenballen in einem einzigen Moment. Er wird sich durchkämpfen und vor dem Torwart stehen. Alleine. Und er wird den Ball in die Maschen hauen. Mit voller Wucht. Er wird zu Boden sinken, und im nächsten Moment werden sie alle über ihm sein, die Mannschaftskameraden, der Trainer. Bei der Weihnachtsfeier wird Direktor Fritsche seinen Namen erwähnen. Er wird den Sieg feiern bis zum Zapfenstreich. Mit seinen Jungs. Mit Matze.

Erwin erwachte, als es kühl wurde. Sein Kopf brummte, der Rücken schmerzte. Mühsam richtete er sich auf, sein Fuß stieß an die Flasche, die vor der Bank auf dem Boden lag. Es klirrte leise. Erwin blinzelte. Spärliches Licht kam von den Lampen im Park. Die Enten waren verschwunden.

Erwins Hand griff ins Leere. Kein Bett. Keine Zellenwand. Keine Zelle. Diffuses Licht, feuchte Watte. Erwin war allein, wie jede Nacht. Doch heute war es anders. Angst kroch heran, von allen Seiten, aus allen Richtungen. Schneeflocken fielen auf seine Stirn. Jetzt war es soweit. Er hatte nichts. Niemanden.

Erwin zwang sich, aufzustehen. Er konnte hier nicht bleiben. Nein, er konnte es nicht. Er musste etwas tun, gleich.

Erwin versuchte sich zu erinnern, wo er war. Er zog den Mantel fest um sich und lief den Weg zurück. Er überquerte die Hauptstraße, es wurde heller. Noch ein paar Schritte, der Lichtschein wurde deutlicher.

Neon, drei rote Christbaumkugeln. Eine Bar.

Die Gedanken schossen ihm durch den Kopf wie emporstiebende Funken eines Lagerfeuers. Als das Bild sich formte, stand es ihm so klar vor Augen wie nichts zuvor in seinem Leben. In diesem Moment wusste er, was er tun musste.

Erwin griff in seine Manteltasche und holte sein Messer hervor. Das Klappmesser mit dem braunen Hirschhorngriff. Er hatte längst vergessen, von wem er es bekommen hatte. Doch er besaß es, seit er denken konnte. Erwin ließ die Klinge aufspringen. Sie leuchtete rötlich unter dem Kunstlicht. Scharf und spitz.

Erwin fasste den Griff, so fest er konnte. Dann stieg er die Treppenstufen zum Eingang hinauf und stieß die Tür auf. Stimmengewirr. Trübes Licht.

Dieses Mal würde er alles richtig machen. Dieses Mal würde er nach Hause kommen.

Für immer.

48. Breitengrad

Das Mosaik auf dem Gehweg zu beiden Seiten der Habsburger Straße kennzeichnet den Verlauf des 48. Breitengrads, der mitten durch Freiburg verläuft. Damit liegt Freiburg auf derselben nördlichen Breite wie die Bretagne, Neufundland und die Mongolei.

Konzerthaus

Kultur- und Tagungsstätte gegenüber dem Hauptbahnhof. Mittelpunkt ist der Große Saal, der 70 Musikern und fast 1.800 Besuchern Platz bietet. Das Philharmonische Orchester, das Freiburger Barockorchester und das Sinfonieorchester des SWR haben hier ihre Heimat.

Kreisel

Skulpturen auf dem Konrad-Adenauer-Platz vor dem Konzerthaus in der Form tanzender Kreisel. Errichtet im Jahr 2000 nach dem preisgekrönten Entwurf der Künstlerin Andrea Zaumseil.

Jazzhaus

Jazzclub im Gewölbe eines ehemaligen Weinkellers in der Schnewlinstraße in der Nachbarschaft des Konzerthauses. Eröffnet 1987. Live-Konzerte aller Spielarten moderner Unterhaltungsmusik. Neben Jazz vor allem Rock, Blues und Folkmusik.

Wiwili-Brücke

Die Brücke über die Bahnlinie mit den charakteristischen geschwungenen Eisenträgern verbindet den Stadtteil Stühlinger mit der Innenstadt. Benannt nach der Freiburger Partnerstadt in Nicaragua. Im Volksmund wegen ihres typischen Anstrichs »Blaue Brücke« genannt. Im Sommer als Treffpunkt für junge Leute beliebt.

Stühlinger Kirchplatz mit Herz-Jesu-Kirche

Die 1897 geweihte Kirche wurde eigens für den Stadtteil Stühlinger erbaut. Der gotisch-romanische Stilmix ist typisch für den Historismus Ende des 19. Jahrhunderts. Die baulich markante Ostfassade in Verbindung mit der Blauen Brücke gilt als beliebtes Fotomotiv am Rande der Altstadt. Mittwochs und samstags findet am Rande des Stühlinger Kirchplatzes und unter der Stadtbahnbrücke ein Bauernmarkt statt. Frische Marktprodukte direkt vom Erzeuger.

Zwei Riesen – Schlucker und Spucker

Mehrteilige Riesenplastik unter der Stadtbahnbrücke im Stühlinger Kirchpark. Zwei stilisierte steinerne Köpfe und Teile von Gliedmaßen sind durch einen Bachlauf verbunden. 1982 geschaffen von dem Münstertaler Beuys-Schüler Franz Gutmann.

Planetarium

Eröffnet im Jahr 2002. Beobachtung von Weltall und Sternen mit Großprojektoren. Wechselnde Vorführungen zu Aufbau und Geschichte des Kosmos. Kinderprogramm.

Negativkilometrierung Höllentalbahn

Seltene Beschilderung am Hauptbahnhof. In den 1930er-Jahren erhielt die Höllentalbahn im Freiburger Stadtbereich (Wiehre) eine neue Streckenführung. Sie ist 1,7 Kilometer länger als die ursprüngliche Strecke. Um die komplette Neubeschilderung der Bahnstrecke bis Donaueschingen zu vermeiden, beginnt die Zählung im Hauptbahnhof Freiburg mit einer negativen Kilometrierung.

Solartower

60 Meter hoher Turm am Hauptbahnhof. 1997 erbaut, eigene Photovoltaikanlage an der Südseite. Im 18. Stock das *Kagan*: Club, Bar, Lounge, Freiburgs höchstgelegene Disko mit 360 Grad Rundumblick.

Radio Dreyeckland

Links-alternativ geprägter, nichtkommerzieller Radiosender für Freiburg und die Region Elsass-Nordschweiz. 1977 aus der AKW-Bewegung als Piratensender gegründet. Seit 1988 offizielle Lizenz.

ENDE

THOMAS ERLE
Höllsteig

978-3-8392-1748-1 (Paperback)
978-3-8392-4759-4 (pdf)
978-3-8392-4758-7 (epub)

»Lothar Kaltenbach ermittelt in seinem dritten Fall.«

Im Weinberg von Weinhändler Lothar Kaltenbachs Onkel am Kaiserstuhl wird ein unbekannter Toter gefunden. Am Tag darauf verschwindet Kaltenbachs Freund Walter spurlos. Als er erfährt, dass ein vor Kurzem entlassenes ehemaliges RAF-Mitglied und Freund von Walter wieder zurückgekehrt ist, macht sich Kaltenbach an die Ermittlungen. Die Spuren führen ihn weit in seine eigene Vergangenheit der Siebzigerjahre zurück. Haben die Verwicklungen von damals auch mit den Morden von heute zu tun?

THOMAS ERLE
Blutkapelle

978-3-8392-1592-0 (Paperback)
978-3-8392-4473-9 (pdf)
978-3-8392-4472-2 (epub)

»Goethe in Baden«

Eine tote Stadtführerin auf dem Grab von Goethes Schwester, kurz darauf ein Anschlag auf den beliebten Stadtarchivar! Und was verbirgt sich hinter den geheimnisvollen Hinweisen auf ein bisher unbekanntes Manuskript des Dichterfürsten?

Für Lothar Kaltenbach, Weinhändler und Musiker, ist die Ruhe in seiner Heimatstadt vor den Toren Freiburgs empfindlich gestört. Eine erste Spur führt in ein Kloster, das es eigentlich nicht mehr gibt. Doch Kaltenbach ahnt nicht, dass er längst beobachtet wird …